Online-Marketing

Wie drehte ich $0 in $7294 in 13 Tagen

Sekret Internet-Marketing-Strategien

aufgedeckt, um Ihr Unternehmen skalieren

©das Urheberrechtliegt bei Riley Reive 2017 – Alle Rechte vorbehalten.

Wenn Sie dieses Buch mit einer anderen Person teilen möchten, bitte kaufen Sie eine Extra Kopie für jeden Empfänger. Vielen Dank für Ihre Achtung die Arbeit von diesem Autor. Andernfalls, die Übermittlung, Vervielfältigung oder Reproduktion von der folgenden Arbeit inklusive bestimmte Information wird als illegale Handlung sein egal ob elektronisch oder mit Drucken. Dies erweitert die Schaffung einer sekundären oder tertiäre Kopie von der Arbeit oder eine aufgezeichnete Kopie zu schaffen und das ist erlaubt nur mit schriftlicher Zustimmung von dem Herausgeber. Alle zusätzlichen Rechte vorbehalten.

Inhalt

Glossar..5

Einführung..6

Kapitel 1: die ultimative Internet-Marketing-Strategie..............10

Kapitel 2: der ultimative Plan, der von den 5% erfolgreicher Vermarkter verwenden wird..12

Kapitel 3: ein Schritt für Schritt-Prozess, um Ihre automatische Geld-Maschine zu erstellen..16

Kapitel 4: squeeze-Seite..19

Kapitel 5: die Geheimnisse eines wirksamen Lead-Magnet......22

Kapitel 6: E-Mail-Marketing-das Geld ist in der Liste..............27

Kapitel 7: die ultimative Sales-Seite..............................32

Kapitel 8: explosiver Web-Traffic..................................39

Kapitel 9. verprügeln Sie Ihre Verkäufe machen Menschen glauben an alles, was Sie schreiben.................................52

Kapitel 10: Web Analysis: Messung und Verbesserung.............58

Abschluss..63

Beste Ressourcen, um Geld zu verdienen online..................63

Glossar

Info-Geschäft: Es ist ein Geschäft auf der Grundlage digitaler Produkte Verkäufe, wie PDF, Audio und Video.

Trichter: ein Marketing-Modell, das einen potenziellen Kunden durch spezifische Schritte führt, Umm ein Kunde zu werden

Facebook Ads: Werbe-Plattform von Facebook verwendet

Google AdWords: Werbung Ad-System von Google verwendet

Landing Page: Es ist eine Seite erreicht, indem Sie auf einen Link und deren Hauptzweck ist, um die Kontakte Informationen der Zielgruppe

Squeeze Page oder optionale Seite: Seite verwendet, um die e-Mail von einem potenziellen Kunden zu fangen

Lead-Generierung: Prozess des Aufbaus einer Liste potenzieller Kunden

E-Mail-Marketing: ist eine Art von Direct Marketing, um potenzielle Kunden direkt über e-Mails, dieverschiedene Ziele haben kann: Promotion, geben Informationen und Ressourcen zu erreichen.

Autoresponder: Software für e-Mail-Marketing-Management

Liste Gebäude: Aktivitäten um die Größe der Mailingliste zu vergrößern

Mailingliste: e-Mail-Adressen Datenbank

Sales-Seite: Es ist die Seite, die die Präsentation Ihres Produkts/Service enthält

Copywriting: Es ist eine Technik, um einen Text zu schreiben, die Menschen beeinflusst und treibt Sie zu einer Aktion, die Sie wollen

Web Analytics: Es ist die Messung, Erhebung, Analyse und Berichterstattung über Internet-Daten für das Verständnis und die Optimierung der Web-Nutzung

Einführung

Herzlichen Glückwunsch zum Download dieses Buches und genießen Sie die Geheimnisse, die ich Ihnen offenbaren.werde

Die folgenden Kapitel werden Online-Marketing zu diskutieren, auch bekannt als Internet-Marketing oder Web-Marketing, die eine der effektivsten Weg, um ein erfolgreiches Online-Geschäft und ein passives Einkommen zu schaffen.

Mit der Begriff des Internet-Marketing, sind wir auf eine Tätigkeit der Verkauf von Produkten .und Dienstleistungen online

.Dies ist eine einfache Definition, die jeder kennt, aber Internet-Marketing ist mehr als das

Es schafft ein Produkt oder einen Service für einen Online-Verkauf, der auf •
praktischen

:Informationen beruht •

• ES hilft, ein echtes Problem zu lösen und fühlte sich als sehr dringend von der Perspektive.

• Es hilft, das Leben des Kunden in bestimmten Bereichen zu verbessern.

• Es lehrt, etwas zu tun oder es besser zu tun.

Wenn Sie daran denken, müssen wir alle erfüllen, und es gibt Menschen, die die Lösung für diese Bedürfnisse bieten.

Dies geschieht immer, überall, sogar offline.

Aber wenn Sie vorsichtig aussehen, verbringen die Menschen unzählige Stunden vor Ihrem Computer und Smartphone, immer auf Facebook, Instagram, Snapchat und Google und so weiter verbunden.

Zum Beispiel, in 2016 Facebook hat 1,71 Milliarden aktive Benutzer auf der ganzen Welt und .... 191,3 Millionen nur in den USA

... 1 Milliarde "Daily" aktive Benutzer in der ganzen Welt.

Glaubst du wirklich, es gibt keinen Markt geeignet für Sie da draußen!? Glaubst du wirklich, es gibt niemanden bereit, für etwas zu bezahlen, das Sie gut tun?!

Dies ist zu sagen, dass alles, was Sie haben, ist 1 Milliarde Menschen aus der ganzen Welt, an denen zu verkaufen ...

Ich sage nicht, es ist einfach, diese Menschen zu erreichen, müssen Sie ein gutes Produkt und ein großartiges Marketing haben.

Im Internet finden Sie viele wertvolle Informationen, aber mitten in diesen gibt es viel Mist, was bedeutet, dass Sie viel Energie und Zeit verbringen müssen, um die richtigen Ressourcen zu finden.

Nicht alle Menschen haben Energie und Zeit zu verlieren, und Sie sind genau diejenigen, die Wert zu Geld geben und wissen, wie viel lohnt sich Ihre Zeit.

Diese Leute sind so bereit, für gute Informationen zu zahlen, die effektiv und aktualisiert werden.

Es gibt Tausende von Menschen jeden Tag verkaufen ihre Produkte/Dienstleistungen und Sie verdienen tausend Dollar pro Monat, und Sie werden die nächste mit den Informationen, die ich werde Ihnen offenbaren.

.Es gibt zwei wesentliche Möglichkeiten, Teil der Online-Marketing-Welt zu werden

Erstens: Sie verkaufen eine digitale Produkte von jemandem anderen als Affiliate, was bedeutet, können Sie Affiliate-Produkte fördern und lassen Sie jemand anderen sorgen über die Einrichtung von Sales-Seiten, die Lieferung von Produkten, Verkauf Support) effektive Kundenservice.

Außerdem müssen Sie keine Marke oder ein Produkt zu schaffen. Allerdings müssen Sie bereits

.Master-Internet-Marketing-Strategien

Zweitens: Sie erstellen digitale Produkte zu verkaufen. Sehr ähnlich der ersten Option, erstellen Sie Ihr eigenes Produkt, das jeder auf der ganzen Welt sofort nach dem Kauf herunterladen kann. Diese Option wird nur empfohlen, wenn Sie ein Experte in einem bestimmten Feld sind und Sie nachweisen können, dass Sie ein gutes Produkt gemacht haben.

.Wenn Sie diese Standards nicht respektieren, wird niemand Ihr Produkt kaufen

Lassen Sie mich Ihnen einen Rat: Konzentration auf den zweiten Weg, weil Sie müssen "Drive" Ihr eigenes Geschäft. Was passiert, wenn der Kerl hinter dem Geschäft, mit dem Sie verbunden sind, verschwindet?! Was ist, wenn er beschließt, die Regeln des Affiliate-Programms zu

!?ändern

Dies bedeutet, dass Sie Ihr Einkommen verlieren

So erstellen Sie Ihre eigene Marke und Ihr eigenes Produkt, seien Sie frei! Ich werde Ihnen alles beibringen, was Sie über Online-Marketing-Techniken wissen müssen.

Was sind die Vorteile von Internet-Marketing?

1-Die Fähigkeit zur Verwaltung ihrer Zeitpläne

2-Die Fähigkeit und schnell zu skalieren

3-Die Fähigkeit von überall in der Welt zu arbeiten

4- Arbeiten Sie selbst und auch nur für sich

Und außerdem müssen Sie nicht einen Universitätsabschluss haben.

Das wichtigste ist, wahrheitsgemäß arbeitenden Dingen zu geben. Ansonsten könnten Sie Ihre .Reputation im Web riskieren

Wählen Sie eine Nische, sammeln Sie eine Menge Informationen und machen Sie viel Erfahrung. Entdecken Sie Informationen, die ein Problem lösen können, oder das, was eine bestimmte Situation verbessert.

... Nach all dem, ich glaube, es gibt nichts mehr zu sagen

Ich bin "nur" Ihnen die Strategien, die Online arbeiten, um eine Menge Geld zu machen.

Kapitel 1: die ultimative Internet-Marketing-Strategie

Um mit Ihrem Online-Marketing erfolgreich zu sein und eine Menge Geld zu machen, müssen .Sie spezifische Fragen beantworten, die es Wert sind und von Newbies unterschätzt werden

Ich garantiere Ihnen, wenn Sie diese Fragen zu beantworten, werden Sie Ihre Marketing-Aktivität sehr klar und leistungsfähiger, dass 95 % der Vermarkter da draußen.

.Dies ist ein Schritt für Schritt Strategie, die Sie zu folgen haben, um jeden Markt dominieren

Analyse - > Plan - > Machen Sie Ihren eigenen Trichter - > Messtechnik - > Verbesserungen

- > Geld (viel)

… Let's beginnen mit der Analyse Teil

Lesen Sie die folgenden Fragen, machen Sie Ihre Analyse mit Google und auch schreiben Sie die Antworten.

1.kennen Sie Ihr Geschäft .

Sind die Produkte/Dienstleistungen für Online-Promotion geeignet? Gibt es schon da draußen ein Geschäft?

2.kennen Sie Ihre Konkurrenten .

Wer sind die wichtigsten Wettbewerber im Online-Markt?

Was machen Sie richtig (zu imitieren) und falsch (zu lernen)?

Was nicht zu tun (gibt es eine Möglichkeit, fit?) Und wie können Sie Ihr Angebot von Ihnen differenzieren?

Wie Strukturieren Sie Ihre Website und was ist mit dem Inhalt?

Gibt es einen Wettbewerber, der abhebt von der Menge?

Identifizieren Sie den Wettbewerb und die Analyse ihrer Erfolge und ihre Ausfälle ist eine ausgezeichnete Quelle von Ideen und Möglichkeiten, Online wettbewerbsfähig zu sein.

Schreiben Sie einfach die Schlüssel Phrasen Ihrer Nische in den Suchmaschinen.

Welche Art von Erfahrung werden Sie diese Seiten anbieten? Wie können Sie es verbessern? Was ist mit dem Inhalt?

3.Wissen ihrer Kunden .

Wer sind die Kunden und was Sie wollen

Welche Eigenschaften und Gewohnheiten haben Sie

Was sind Ihre Erwartungen

Dies ist ein wesentlicher Schritt, wenn wir die richtige Botschaft an die richtige Person, zum richtigen Zeitpunkt und am besten "abliefern" wollen.

Denken Sie immer daran, dass Sie nie versuchen, Ihr Produkt zu verkaufen, so viele Menschen wie Sie können, aber Sie müssen immer die höchste Wahrscheinlichkeit der Umwandlung zu suchen.

Die Menschen wollen heute in positive Erfahrungen eintauchen, die Ihren Bedürfnissen gerecht werden.

Sie müssen sich auf die Wahrnehmung der Verbraucher von dieser Erfahrung und nicht so sehr auf das Produkt, in der Überzeugung, dass eine positive Erfahrung in der Lage sein, ein starkes Gefühl der Fülle und Verwirklichung auslösen kann.

Im 21. Jahrhundert, um die Aufmerksamkeit potenzieller Kunden zu fangen, sind Emotionen immer sehr wichtig.

Der Verbraucher ist mehr und mehr aufmerksam auf Qualität und Ästhetik; Es ist ein hedonistischen Verbraucher, der Lust sucht und versucht, Furcht zu vermeiden.

Sie müssen also die geeignetsten sensorischen Reize übertragen, um den Kunden über den Verzicht und die Besonderheit des Produkts zu überzeugen.

4.wissen Sie Ihr Reiseziel .

Was wollen Sie von Online-Marketing zu erhalten? Welche Ergebnisse suchen Sie?

Setzen Sie klare Ziele, messbar und erreichbar Und vergleichen Sie Ihren Fortschritt mit Ihren (Schlüssel Leistung Indikatore (KPI)..

Kapitel 2: der ultimative Plan, der von den 5% erfolgreicher Vermarkter verwenden wird

Wie möchten Sie ein einfaches System einrichten, das die E-Mail-Adressen Ihrer Aussichten sammelt und dann automatisch vermarktet? Wir sind natürlich sprechen über etwas, das Sie in einem Tag in fast jedem Geld-Making Nische eingerichtet und es kein nehmen keine große Geschicklichkeit oder Talent.

Was ist wirklich erstaunlich, über Internet-Marketing, ist, dass, wenn Sie das System, dass ich werde Ihnen zeigen, es wird weiter zu bringen Sie Geld während Ihrer Abwesenheit als auch. Es funktioniert als ein wirklich automatisierter Speicher, der von sich selbst verkauft.

.Dieses System wird als "Sales-Trichter", behalten Sie es im Hinterkopf

Und das ist das synthetische Schema der klassischen Sales Trichter ...

Wichtig

Web traffic - > Squeeze-Seite oder Opt-in-Seite - > O.T.O (optional) - > Email Marketing (Follow-up)-") Sales page-") Geld!!

Sie müssen einfach dieses System einzurichten und dann für Sie arbeiten, aber neue Vermarkter zögern, dies zu tun. Ist es, weil das System aussieht zu einfach, effektiv zu sein? Oder ist es, weil ?neue Vermarkter fürchten, Sie kennen nicht alle die Schritte beteiligt

Machen Sie sich keine Sorge mein Freund Sie haben alles, was Sie brauchen, um zu beginnen .heute

Alles beginnt mit dem Verkehr. Wenn Sie nicht über eine gute Quelle des Verkehrs (Besucher) !im Internet niemand wird Sie bemerken

Der Verkehr muss immer auf dem Ziel sein, was bedeutet, dass es potenziell an diesem Thema .interessiert ist

Z.b. Wenn Ihr Produkt löst eine Magen-Darm-Frage dann auf Ihrer Website gehen Menschen, die leiden, dass spezifisches Problem. Anscheinend scheint es offensichtlich, aber nicht für alle .da draußen

Traffic muss auf einer squeeze-Seite, als Opt-in-Seite als auch bekannt, und nicht auf einer Sales-Seite gesendet werden. Aber wir werden ausführlich über Web-Traffic am Ende sprechen, denn bevor Sie sich auf den Aufbau einer effektiven squeeze-Seite, Follow-up- und Sales-Seite .konzentrieren müssen

Tatsächlich versucht, das Produkt sofort zu verkaufen, ist ein Fehler, der Ihr Geschäft gefährden kann!

Normalerweise Menschen Surfen im Internet suchen nach Informationen, nicht gerade zu kaufen

Wie ich bereits gesagt, das bedeutet, die Verkäufe Teil wird in zweiter kommen, gefolgt von der Akquisition von Informationen und die Schaffung einer Beziehung und Vertrauen zwischen ."Info-Vermarkter" und potenziellen Kunden

In der Tat, versuchen, direkt nach einem potenziellen Kunden Land auf Ihrer Webseite zu .verkaufen ist ein tödlicher Fehler

So, wenn Sie sofort Verkehr auf einer Verkäufe Seite senden, müssen Sie hoffen, dass die Besucher Ihr Produkt oder Service während des ersten Besuches kaufen, weil, ansonsten, !höchstwahrscheinlich Sie ihn für immer verlieren werden

Also, die erste Regel ist, dass Ihr squeeze-Seite wird Ihre Zielseite (Landung Page, wo Sie .(landen die Besucher

Hier Beispiele für squeeze Seite: https://goo.gl/n7opDX

Ein Squeeze-Seite ist eine Seite, die verwendet wird, um "E-Mails zu fangen", weil ihr Zweck ist es den Leuten erlaubt, Ihre E-Mails freizugeben, geben in der Rückkehr Informationen in Form .eines PDF, Audio oder Video

Ging wertvolle Austausch-Informationen nur für eine E-Mail, ohne zu Fragen, macht die .Menschen mehr bereit zu handeln

Aber eine gute squeeze-Seite tut mehr als dieses-es auch prequalifiziert die Aussicht, sicherzustellen, dass Sie nur anziehen der spezifischen Gruppe von Menschen, die in ihrer .besonderen Nische interessiert sein und die Produkte, die Sie fördern

Also, wenn Ihr Zielmarkt ist Jungs, die vor kurzem endete eine langfristige Beziehung und suchen, um wieder in Dating, ihre squeeze-Seite wird direkt zu Ihnen sprechen-nicht zu Jungs, die Einzel- und spielen das Feld für Jahre oder Jungs in einer Beziehung. Und wenn Ihr Zielmarkt Menschen, die Luxus-Ferien nehmen, wird Ihre Seite direkt zu diesem Markt sprechen und völlig ausschließen Urlauber auf ein Budget.

Also, wenn Sie Informationen kostenlos, die Gespräche über ein Thema geeignet für Ihre Kunden, ist sehr wahrscheinlich, dass ein hoher Prozentsatz von Ihnen können Ihre E-Mail für eine freie Ressource (genannt "Lead-Magnet").

(Die Sammlung von E-Mail wird gehen, um Ihre Liste der potenziellen Kunden (Mailingliste).

Dieser Prozess wird als Lead Generation, das ist der Prozess des Aufbaus einer Liste potenzieller Kunden.

Und das Rückgrat jeder digitalen Info-Geschäft, in der Tat in den USA sagen wir: "das Geld ist in der Liste."

Nach dem Drehen der Besucher in Leads (Freigabe Ihrer E-Mail) werden Sie dann müssen Sie in "Perspektiven", die sehr potenzielle Kunden bereit sind, ihre "Geldbörse" zu öffnen und ihre Produkte oder Dienstleistungen zu kaufen.

Sie gehen zu tun, dass mit einem Prozess namens "Lead Pflege", die sendet eine automatische Abfolge von E-Mails, genannt "Follow-ups", die dann verwendet werden, um "erziehen" Ihre Leads über Ihre Marke Positionierung, die im Grunde, wie Sie unterscheiden sich von Ihre Wettbewerber und "Feeding" Ihre Kontakte mit nützlichen Inhalten und potenziellen interessanten angeboten.

Der letzte Schritt vor dem Verkauf ist gonna der Sales Letter oder Sales-Seite.

Eine einzelne Seite, die idealerweise nur wenige Bilder (optional ein Video) und eine Menge Text enthält.

Kapitel 3: ein Schritt für Schritt-Prozess, um Ihre automatische Geld-Maschine zu erstellen

Sobald Sie die Wichtigkeit eines guten Vertriebs-Trichter zu verstehen, die erste Sache, die Sie gehen müssen und tun, ist eine gute Struktur für Ihre Web-Seite zu bieten.

Beginnen Sie zu wissen, warum Sie eine Website machen und wer ist das Publikum!

Wofür ist meine Website nützlich?

Das Wissen genau Ihres Ziels, für das Sie Ihre Website aufbauen, ist entscheidend, um erfolgreich zu sein.

Sie muss sich an eine bestimmte Gruppe von Personen und nur die Gruppe: den Zielmarkt (den Sie im Analyse-Teil identifiziert haben).

Wir müssen darüber nachdenken, wie Nutzer Zugang zu ihm haben und was Sie erwarten, zu finden und vor allem, wie Ihre Bedürfnisse erfüllt werden.

Lassen Sie uns in Ihre Schuhe, oder besser, Fragen Sie direkt, was Sie wollen, um zu sehen oder zu tun auf der Website.

Es ist auch wichtig zu zeigen, dass die Seite kontinuierlich aktualisiert wird, sowie das Produkt/Service, den Sie verkaufen.

Dies erhöht unsere Glaubwürdigkeit und Reputation, einfach durch das Einfügen eines selbst aktualisierten Datums auf dem Haupt-Standort.

Da wir sprechen, wie man eine attraktive Website zu erhalten, ist es zwingend zu erwähnen, das Usability-Konzept, das ist ein Prozess, der darauf abzielt, die Website benutzerfreundlicher und einfach zu bedienen.

Die Theorie der Web Usability ist ziemlich einfach zu erhalten:

Ein einfaches Design, um die Frustration aus der Erfahrung der Benutzer zu beseitigen. Wenn Sie mehr Informationen suchen und ständig aktualisierte ist: www.Usability.gov

Stellen Sie sicher, dass Ihre Website "reagiert", was bedeutet, es wird die Inhalte der Seiten je nach Gerät Menschen verwenden, anstatt mit einer separaten Domäne für Smartphones anzupassen.

Auch über die Struktur der Website-die Art und Weise, in der die Informationen sortiert und gruppiert werden, und die Art und Weise, in der Benutzer navigieren-kann erheblich beeinflussen seine Usability, seine Position in den Seiten Ergebnisse (SERP) und seine Traffic Konversion Potential.

Die Schlüsselwörter, die unser potenzieller Benutzer-Typ geben sollte uns einen guten Hinweis auf die Inhalte, die Sie suchen.

Wir organisieren den Inhalt, damit die wichtigsten Informationen auf höchstem Niveau zusammengefasst werden.

In der Praxis, was sind Ihre potenziellen Kunden suchen? Wie Suchen Sie es und was sind die besten Möglichkeiten, um sicherzustellen, dass Ihre Website kann es bieten?

Wissen, welche die "Auslöser Worte" unseres Ziels sind, auch es erlaubt uns, schöne Texte zu lesen (ein Beispiel ist die F-Struktur), verständlich und sinnvoll, die Erhöhung der Chancen, dass der potenzielle Kunde wird den Text lesen, dass Sie so sorgfältig vorbereitet.

Eine der am häufigsten eingesetzten Techniken, um die Usability-Ebene Ihrer Website zu verstehen, ist die Simulation der Verwendung.

Zum Beispiel, fordern Sie Feedback von "normalen" Benutzer, die Ihre Website mit sehr spezifischen Zielen, die Sie bereitstellen zu besuchen.

Ein kleines Geheimnis: Wenn Sie nicht Ihre Zeit verschwenden möchten, kopieren Sie einfach von "die besten".

Identifizieren Sie, wer der Führer ihrer Kategorie ist (nicht notwendigerweise in Ihrer Nische) und kopieren Sie seine Lösung.

Zum Beispiel: Wenn Ihre Website ist ein E-Commerce haben Sie jemals daran gedacht, die Nutzung der konsolidierten Prozess von Amazon?

Übrigens werde ich Ihnen zeigen, wie genau Ihre Website strukturiert werden sollte, nach der Sales-Trichter-Strategie..

Kapitel 4: squeeze-Seite

Zunächst einmal, Let's Talk über Ihre squeeze-Seite, muss dies auf der Homepage platziert werden, weil dies die Seite, die Sie senden alle Verkehr auf.

Was bedeutet: Startseite = Squeeze Page = Landung Page

es ist wichtig, dass das Thema ist "Licht" und hat wenig Grafik, weil Google fast Websites liebt!

Es gibt spezifische Regeln, die Sie befolgen müssen, wie:

• der Kopf (der obere Teil), der klein/schmal sein muss und das "Logo", "Site-Name" und die **Navigationsleiste enthält, wo die "Navigationsschaltflächen" vorhanden sind:**

1. Homepage (was die Navigation erheblich vereinfacht)

2. über uns oder über mich (wenn Sie es alleine tun)

dies ist entscheidend, wenn Sie nicht wollen, für einen Betrüger verwechselt werden.

Setzen Sie ein einfaches Foto und beschreiben Sie sich in Verbindung mit der Nische Ihrer Website (denken Sie daran, sich als "der Experte von ..." zu positionieren.)

3. Kontakte (machen Sie deutlich die Möglichkeit, kontaktiert zu werden Informationen)

z.b. info [at] yourwebsite. Es, auf diese Weise Ihre E-Mail wird nicht von Spamboots gefangen genommen.

4. freie Betriebsmittel (hier müssen Sie Ihren squeeze Seite haben, wenn auf der Homepage Sie ein Blog errichten möchten)

Wichtig: erwähnen Sie nicht alle bezahlten Produkt oder Verkauf, Sie gehen zu tun, ihre "Promotion" Aktivität durch E-Mail-Marketing.

Beeilen Sie sich nicht zu verkaufen und statt einer der 5 % erfolgreichen Web-Vermarkter, die von Anfang Werbegeschenk so viel Informationen und so viel Wert, ohne zu Fragen, um etwas im Gegenzug (aber die E-Mail)

Auf diese Weise geben Sie potenziellen Kunden eine Chance, um zu bekommen, wer Sie sind und Vertrauen in Sie gewinnen.

• Vermeiden Sie, die Tag-Wolke, Archive und AdSense, weil Sie die Website schwerer zu machen, und Sie sind nicht gut bezahlt, es sei denn, Sie haben riesigen täglichen Verkehr.

• der letzte Teil der Website wird als "Footer" bezeichnet, in dem Sie nur "Site-Name", "MwSt-Nummer" und "Privacy/Policy" eingeben müssen.

Übrigens, alle Aufmerksamkeit der Besucher sollte auf den Text und Opt-in-Box.

Hier Beispiele für Opt-in-Box: https://goo.gl/Ti92n2

- Verwenden Sie einfache Schriftarten wie Tahoma und Times New Roman.
- in Bezug auf die Schriftfarbe mit überwiegend schwarz auf weißem Hintergrund, abgesehen von der Schlagzeile, die zu sein, blau oder Orange.
- N.b Sie können was Font (Plugin) verwenden, um zu wissen, welche Schriftart die guten Vermarkter verwenden auf einer Seite, um die Farbe zu kopieren.Avoid

• Wörter unterstrichen, und das einzige, was erlaubt ist gelegentlich Fett.

• jede 2-3-4 Zeilen hinterlässt ein Leerzeichen ... Dies wird als "Chunking", das einen Text heller macht.

• die Überschrift sollte zentriert und der Textkörper linksbündig ausgerichtet und nicht gerechtfertigt (andernfalls wird ein Text als schwerer empfunden).

• auf der rechten Seite setzen Sie das Opt-in-Kästchen ein.

Menschen in der Tat anfangen zu lesen, bevor die Überschrift, die zweite Überschrift (wenn überhaupt), dann der Textkörper des Texts auf der linken Seite und der Bullet

Point, schließlich geht auf die Opt-in-Box auf der rechten Seite. (so finden Sie ein (gutes Beispiel durch den Web-Link, den ich gerade gab

-

- Sie müssen die Opt-in-Box deutlich machen, um die E-Mail freizugeben und wohin Sie es setzen. Es muss ein "Call to Action" sehr großen Knopf, der sagen kann: "Ja, ich will wissen!" oder "Watch Video" oder "Free Instant Access" oder "schicken Sie mir das eBook". und so weiter, ist dies völlig bis zu Ihrer Datei, die Sie verschenken

-

  - Der alleinige Zweck der Schaltfläche Copy ist, den Klick zu erhalten. Das wars. Here's Button Copy Sie sollten testen, was sonst Sie wollen versuchen, "klicken Sie hier, um herunterzuladen." Es ist erwiesen, die Arbeit wirklich gut und schlagen die meisten Kontrollen, so geben Sie es einen Versuch. Auch, machen Sie Ihren Knopf abheben von allem anderen auf der Seite, so dass der Betrachter kann es nicht verpassen

•. Ein niedrigerer Text, der die Menschen sicherer fühlt, wie: Sie können sich jederzeit mit nur einem einfachen Mausklick abmelden. "

Im Allgemeinen ist es gut, nur eine E-Mail, weil die mehr Informationen, die Sie gehen, um die weniger "Konversion" benötigen Sie zu machen.

• ein guter Auto-Responder ist mit der Opt-in-Box verbunden, die Sie sofort und automatisch eine Follow-up-e-Mail an diejenigen, die soeben veröffentlichen ihre E-Mail zu erhalten, die Hommage.Aweber is the best autoresponder around and you can find it here: "Click here: Aweber Homepage and get your 30-day trial".

Der Autoresponder speichert die Emails, die Sie erhalten, sowie um eine reale Datenbank, Ihre .E-Mail-Liste zu erstellen

Kleine Tipps: Erstellen Sie keine Opt-in-Seite durch die Autoresponder, da Sie in der Regel eine niedrige Konversionsrate haben, sondern Leadpages verwenden.

- nach dem Download der kostenlosen Bericht, zeigen Sie den potenziellen Kunden ein "Dankeschön-Seite", die erklärt, klar und nicht Anlass zu zweifeln, was es zu erwarten ist.

Geben Sie immer an, wer der Absender der E-Mail sein wird.

Beispiele für Dankeschön Seite: https://goo.gl/3KTxGp

Wählen Sie die, die Sie bevorzugen die moisten

Im "Dankeschön-Seite" können Sie ein Dynamit-Angebot machen, das Sie nur einmal sehen .werden. Dies wird als O.T.O., ein Mal angeboten

Es ist eine Super begrenzte Zeit, nur einmal, erhalten Sie jetzt oder verlieren Sie immer Art von Deal. Der Wert sollte durch das Dach und es muss viel Wert sein, weit mehr als die Frage der Preis. Als Beispiel ist dies ein großartiger Ort, um einen Bestseller$97-produkt für $9,99 anzubieten.

Eine Alternative ist es, eine $1 Studie in eine heiße Mitgliedschaft anzubieten. Wenn Sie auch eine niedrigere monatliche Rate für eine hohe Preis-Mitgliedschaft anbieten können, oder wenn die Mitgliedschaft in der $7-$ 20 pro Monat Kategorie, sollten Sie Grat

Denken Sie daran, Sie wollen etwas auf dem Dankeschön-Seite zu fördern, weil dies ist, wo Sie wollen, auch zu brechen. Das heißt, wenn Sie kaufen Werbung, wollen Sie die Gewinne von Ihrem Dankeschön-Seite für Ihre Werbung zu zahlen, so dass alles, was Sie in ihren Trichter machen ist pure Profit.

Kapitel 5: die Geheimnisse eines wirksamen Lead-Magnet

Um E-Mail-Adressen von Ihrem potenziellen Kunden zu erhalten, habe ich bereits gesagt, dass Sie etwas Freies anbieten müssen, dass Ihr potenzieller Kunde nützlich wahrnehmen wird.

Der Lead-Magnet muss in der Tat das allererste "Stück fesselnde Informationen" sein, eine Art Mini-Produkt.

Dies muss dem Abonnenten einen echten Mehrwert bieten. Es könnte einen Schmerz lindern, ein Problem lösen, eine brennende Neugier befriedigen, Ihnen helfen, ein Ziel zu erreichen, etc., aber was auch immer es ist, es muss etwas sein, das die Leute wollen. Wenn es so gute Leute würden dafür bezahlen, dann haben Sie wahrscheinlich einen Sieger.

- Verwechseln Sie Ihre Perspektive nicht an dieser Stelle. Wenn Ihr kostenloses Geschenk 100 verschiedene Vorteile für den Abonnenten hat, wird Ihr Angebot verwässert. Stattdessen konzentrieren sich auf den einen großen Nutzen dieses kostenlose Geschenk wird Ihnen geben.

- **Die Hauptfunktionen sind**: Ging einen kostenlosen "ersten Geschmack" der Qualität von dem, was Sie bieten, um Neugier und Lust auf Ihre potenziellen Kunden mehr zu wissen.

- • "erziehen" zu Ihrer Lösung/Positionierung, vielleicht durch "zerstören" gefälschte Lösungen, die nicht zulassen, dass Ihre Kunden zu echten Ergebnissen und/oder langlebig zu erreichen.

- • damit Ihre potenziellen Kunden anfangen, Sie zu kennen und ein Verhältnis von Vertrauen zu Ihnen aufzubauen. Denken Sie daran, dass Vertrauen ist unerlässlich, um online zu verkaufen.

• Denken Sie immer daran, dass die ersten Informationen, die Sie geben, müssen gut gemacht und von guter Qualität, denn wenn Sie verschenken etwas von schlechter Qualität, werden Sie nicht jemals eine weitere Chance, einen guten ersten Eindruck zu ihrer Führung zu machen.

Zunächst einmal müssen Sie über ein Thema, das sehr "Filz" von Ihrer Referenz kommerziellen Nische sprechen. Generell funktioniert es sehr gut, einen Bericht, der sich auf die Probleme oder etwas kontrovers, die Sie konfrontiert sind, zu schaffen.

Wichtig: Es ist gut, eine grafische Darstellung ihrer Lead-Magnet, Putting ein Bild in 3D geben ... Ex. Eine kompakte Scheibe mit einer MP3CD, wenn Sie eine Audio-Datei, ein Buch für ein PDF und DVD-Cover geben, wenn Sie verschenken ein Video, um "Solidität" zu geben, was wir verschenken, die Schaffung einer Wahrnehmung von größerem Wert.

Auch ein Blickfang Titel, als Überschrift, in der Regel bietet einen guten Köder.

Einige Titel, die für Ihren Lead-Magnet effektiv sein werden:• The great deception ...

die 7 Wahrheiten und die Hälfte über

der geheime Code von

die 3 (+ 1) Geheimnisse ...

Machen Sie nicht den fatalen Fehler der Verpackung eines Berichts, dass es nur eine "vorgibt", um in der Werbung für Ihr bezahltes Produkt.

Auch nicht zu stechen mit Informationen.

Oder im Gegenteil, verschenkt zu viele Informationen, so dass Sie nicht die Notwendigkeit, ein vollständiges und detailliertes Produkt kaufen.

Sie müssen das richtige Gleichgewicht finden, so geben Sie qualitativ hochwertige Informationen, die von ihren potenziellen Kunden interessant wahrgenommen wird, mit der richtigen Mischung aus Qualität und Quantität der Informationen innerhalb des kostenlosen Berichts.

Wichtig: der beste Trick ist: erklären Sie das "was" und nicht das "wie" (oder, wenn Sie müssen, nur einen kleinen Teil von "wie").

Auf der anderen Seite in Bezug auf eine Reihe von Seiten:

Eine PDF-Datei sollte niemals kürzer als 20 Seiten sein, der Abstand von 1,5, Schriftart 14, nach links ausgerichtet und jede 2 bis zu 4 Zeilen hinterlässt einen leeren Raum, um fließend zu lesen.

Ein Audio-Bericht oder Video sollte nie kürzer als 20 Minuten sein.

So oder so, weniger würde wahrgenommen werden ein bisschen wie ein Witz, und geben mehr würde riskieren, "Quench" den potenziellen Kunden.

- Sie müssen es in dem Format, das Sie fühlen sich wohler mit, und wenn Sie keine besondere Präferenz, immer bevorzugen die Audio- oder Video auf eine Frage des Vertrauens in Bezug auf Ihre Leads

- Video insbesondere, wenn gut gemacht, hat unglaubliche Macht bei der Übertragung .Vertrauen

  - Neben PDF, Audio oder Video Ihrer Wahl gibt es zwei Alternativen zum klassischen Bericht

•: Geben Sie einen kleinen "Teil" Ihres Produkts (Testen Sie es und sehen Sie die Ergebnisse, die Sie möglicherweise erhalten).

• E-Mail-Seminar, das ein Mini-Kurs gliedert sich in verschiedene Teile des E-Mail-Formulars.

Wichtig: wie ich sagte, Sie vermeiden sprechen über den Verkauf in speziellen Berichten oder sogar nur Erwähnung eines Verkaufs auf Ihrer Website.

Jedes Instrument hat seine Funktion und die Sales-Funktion gehört ausschließlich zur Sales-Seite. Durch die anderen Instrumente (Blog, Lead-Magnet, Broadcast-e-Mail) müssen Sie Informationen und Schulungen geben.

Kapitel 6: E-Mail-Marketing-das Geld ist in der Liste

Sobald Sie die E-Mail von Ihrem potenziellen Kunden, um Geld mit Ihrem digitalen Info-.Geschäft zu machen, müssen Sie mit ihren potenziellen Kunden zu kommunizieren wiederholt

Dies ist genau das, was Sie mit Ihrem E-Mail-Marketing zu tun haben

E-Mail-Marketing ist eine Form von direkt Marketing, durch die Sie in der Inbox von Nutzern mit E-Mail-Nachrichten, die andere Ziele haben kann: Promotion oder geben Informationen .und Ressourcen erhalten können

Dies bedeutet, niedrige Kosten der Versendung, die Möglichkeit, sich im Laufe der Zeit, ohne Investitionen in teure Branding-Kampagnen, direkte Reaktion und große Kontrolle der Ergebnisse.

.Allerdings reagieren die Menschen nicht auf E-Mails, die Sie nicht erkennen

So ist es gut, eine Liste der Kunden zu erstellen, die Sie einladen, unsere E-Mails zu empfangen .((durch die Squeeze-Seite

Wir sprechen über E-Mails, die normalerweise wertvolle Informationen und einen Anruf-zu-Aktion, um Ihre Anhänger auf Ihre Verkäufe Seite zu bringen.

Stellen Sie sicher, dass alle Ihre Inhalte direkt mit dem Grund, warum Sie sich in erster Linie angemeldet. Teilen Sie Tipps, die Ihnen helfen, Ihr Problem zu lösen oder Ihnen helfen, ihre Leidenschaft vorwärts zu bringen. Je nützlicher Sie mit ihren Informationen sind, umso länger werden Sie Ihre Emails lesen und ihre Produkte kaufen.

Sourcing Kontent ist einfach zu finden, Online-Inhalte, die groß ist und teilen Sie mit ihren Lesern. Denken Sie daran, Kredit für den Inhalt zu geben, und schreiben Sie Ihre eigenen Gedanken und Intro für den Inhalt.

Natürlich wollen Sie nicht nur die sourced Inhalte verwenden, wollen Sie auch Ihre eigenen zu erstellen. Sie können dies tun, indem Sie es selbst schreiben, indem Sie jemanden einstellen, um ihn zu schreiben oder indem Sie die Rechte an den Inhalten erwerben.

Stellen Sie einfach sicher, dass alles, was Sie mit ihren Lesern, bietet immensen Wert und hilft Ihnen, ihre Ziele zu erreichen, und Sie werden abonniert bleiben.

In diesem Buch werde ich Ihnen sagen, wie wichtig die wertvollen Inhalte ist, ist dies, weil die Menschen müssen Sie vor dem Kauf Ihres Produkts Vertrauen, neben tun es, weil es das richtige zu tun, Menschen helfen, so viel wie Sie können.

- Das Subjekt erwartet den Inhalt und muss die Neugier auf die Leser übertragen.
- Es zielt darauf ab, eine E-Mail effektiv zu machen, leicht unvergesslich und engagiert.
- Über das Verwalten und Versenden von E-Mail-Marketing ist gut, auf eine Autoresponder zu verlassen, die alle Arbeit für uns automatisch tun wird, als Aweber (Klicken Sie hier: aweber Homepage, um die besten Autoresponder herum zu erhalten).

- Sie müssen eine professionelle Autoresponder verwenden, verbunden mit Ihrem Opt-in-Kasten, der die wirkliche geheime Waffe der 5 % erfolgreichen Internet-Vermarkter ist!
- es Arbeitet automatisch, spart Ihnen viel Zeit und Arbeit
- es ist für den potenziellen Kunden unsichtbar, mit dem Sie Ihre E-Mail-Adresse
- Sie managt den Erwerb von E-Mail-Adressen über ein Opt-in-Box
- es sendet eine E-Mail an die E-Mail-Liste Datenbank

- es erzeugt eine E-Mail-Sequenz, genannt Follow-up, die das Senden in der Zeit Raum
- wenn die Interessenten ihre Produkte erwerben, wird Sie automatisch in eine andere Liste verschoben und aus dem ersten gelöscht.

• im Grunde, wenn Sie Ihren Vorsprung überzeugt haben, Ihnen die E-Mail, und Sie haben Ihr E-Mail-Programm spaced in der Zeit (Follow-up) erstellt, alles andere ist automatisch.

In Abständen, die Sie eingerichtet haben, wird der Autoresponder Kontakt mit ihren Leads mit personalisierten Briefen, die Sie einladen, Ihre Verkäufe Seite (oder lesen Sie einen Artikel auf Ihrem Blog, beobachten ein Video, das Sie für Ihre Perspektiven vorbereitet, und so weiter).

Sie werden selbstverständlich alle Ihre Emails in eine Autoresponder programmieren, damit der gesamte Prozess völlig Hands-off für Sie ist. Sobald eine Person Ihrer Liste beigetreten ist, fangen Sie an, die Emails in Ihrem Autoresponder in den Intervallen zu empfangen, die Sie eingerichtet haben.

In ihrer ersten Email, seien Sie sicher, das freie Geschenk einzuschließen. Sie können auch eine kurze Notiz zu schreiben, danken Ihnen für die Anmeldung. Machen Sie es nicht zu formal-lassen Sie einige ihrer Persönlichkeit beginnen zu glänzen durch rechts von Anfang an.

Fragen stellen-"wozu brauchst du Hilfe?" "Was ist Ihre Meinung zu ___" schreiben Sie E-Mails, wie Sie schreiben an einen Freund; kurz, personable, auf den Punkt, etc.

Wenn Sie eine Werbe-e-Mail senden, senden Sie eine zweite E-Mail am nächsten Tag Fragen, ob Sie die E-Mail bekam. Dies ist ein wirksames Mittel, um die Antwort auf Ihre ursprüngliche E-Mail zu verdoppeln, ohne zweimal zu fördern.

Wenn Sie ein Produkt zu fördern, fördern Sie für mehrere Tage, weil dies zeigt, dass Sie wirklich an das Produkt glauben und nicht nur versuchen, einen schnellen Bock zu machen. Plus, die Förderung des gleichen Produkts für mehrere Tage trägt die Verkäufe Widerstand ihrer Abonnenten.

Diejenigen, die sitzen auf dem Zaun sind viel wahrscheinlicher zu springen vom Zaun, wenn Sie mehrmals daran erinnert werden, so zu tun, und wenn Sie eine spezielle, begrenzte Zeit Rabatt, ist es noch effektiver.

Streng Versenden von kontent-Emails vor einer Promotion. Wenn Sie beispielsweise wissen, dass Sie ein Programm in 3 Tagen verkaufen, das ein bestimmtes Problem löst, sprechen Sie vorher über das Problem. Dieses bekommt Sie denkend Sie wollt eine Auflösung, und Pow! Am nächsten Tag oder zwei bieten Sie es Ihnen an.

Dies ist besonders effektiv, wenn Sie partielle Lösungen in ihrem Inhalt anbieten. Zum Beispiel:

E-Mail 1) Pickel saugen, hier ist, warum (lassen Sie spüren den Schmerz.) ein Weg, um möglicherweise loszuwerden Pimples ist es, diese zu Hause Abhilfe zu verwenden-es könnte für einige Leute arbeiten.

Email 2) Bringen Sie mehr Schmerzen, bieten eine weitere mögliche Lösung, die für einige arbeiten könnte, und lassen Sie wissen, Ihre Lieblings-Lösung kommt morgen.

(Email 3) Erinnere Sie an die Demütigung der Pickel, aber es ist okay, denn jetzt haben Sie die Lösung, hier ist es!

Denken Sie daran, nicht bombardieren Sie Ihre Liste mit verschiedenen angeboten-geben Sie Ihnen gute Inhalte, too. Manchmal bietet gute Inhalte ist so einfach wie das Empfehlen eines Videos, das passt direkt in Ihrem Thema. Es ist nicht schwer. Das Geheimnis ist, herauszufinden, was funktioniert, setzen Sie das in Ihre Autoresponder und lassen Sie das System die Arbeit für Sie tun.

Darüber hinaus können Sie sich auf Wunsch, die Liste ihrer potenziellen Kunden mit individuellen E-Mails, Broadcast, und spezielle Promotionen auf Ihr Produkt oder Partner-Produkte.

Ein Aspekt, in diesem Zusammenhang zu prüfen ist die Häufigkeit der E-Mails: senden zu selten bedeutet, verschwinden von der Aufmerksamkeit des Kunden, während zu viele E-Mails ist wahrscheinlich zu reizen Sie.

Was Sie in diesem Fall tun können, ist das Erstellen einer Split a/B-Prüfung durch Aweber, mit mindestens 1500 E-Mails geschickt, um zuverlässige Ergebnisse zu haben.

Split-Test bedeutet, dass Sie zwei verschiedene Versionen Ihres E-Mail-Textes auf die gleiche geteilte Stichprobe, das heißt in diesem Fall 750 E-Mails zu einem Beispiel und 750 E-Mails an ein anderes Beispiel der gleichen Liste.

- **In diesem Fall sollte es gemessen werden:**

• ungefähre Anzahl der Personen, die die E-Mail geöffnet haben (offener Tarif)

• wenn Sie es öffnen

• welche Links Sie angeklickt haben (Klicken Sie durch Rate)

• der Prozentsatz der Menschen, die die E-Mail geöffnet und dann auf die Website geklickt haben (Klick-through-Rate über die Öffnungen oder klicken Sie auf offene Rate)

• wer keine Emails öffnet

• die Art der E-Mail mit den besten offenen Tarifen

• das Tracking von Emails, die auf der täglichen Basis "Bounce"

• die Anzahl der Personen, die sich aus der Liste abmelden

• welche Kunden/Anbieter blockierte Nachrichten

.Eine Form des "retargetings" per E-Mail wird als "E-Mail-Ereignis-ausgelöst" bezeichnet

.E-Mail wird automatisch von bestimmten Ereignissen generiert, die ein Senden auslösen

:Ein Beispiel

Ein potenzieller Klient wird auf Ihrer Website kaufen, die er abonniert hat. Er bevorzugt, um vor allem mit anderen Lösungen zu vergleichen, und er entschied, nicht den Kauf abzuschließen, so dass der "Warenkorb". In diesem Fall ist eine anspruchsvolle Marketing-Strategie verwendet diese Aufgabe wie ein Auslöser, um eine personalisierte E-Mail automatisch, zum Beispiel nach einem Tag, mit einer Erinnerung an das Produkt, das er ausgewählt und eine Einladung zum Abschließen des Kaufs.

Kapitel 7: die ultimative Sales-Seite

Die Verkäufe Seite ist Ihre Präsentation ihrer Produkte, und das bedeutet, dass, wenn Sie nicht .die Verkäufe Seite zu machen, riskieren Sie verkaufen sehr wenig oder nichts

Hier sind Beispiele für Verkäufe Seite: https://goo.gl/hhLGdR

ein Sales Letter, das funktioniert, ist das Ergebnis spezifischer Web-Marketing-Regeln, wo es keinen Platz für "Kreativität."

In diesem Abschnitt besprechen wir nur das Layout eines Sales Letter und alle •
!Fehler, die Sie nie tun werden

Ich werde über den Inhalt in der Copywriting Abschnitt sprechen •

- In diesem Fall ist es sehr wichtig, die Kopfzeile zu vermeiden und direkt mit einer Schlagzeile zu beginnen.

- linke Text, der mit guten Rändern auf der rechten oder der linken Seite des grafischen Boards formatiert ist, dürfen die Texte nicht zu eng und nicht an den Rändern befestigt werden und hinterlässt einen leeren Raum alle 2–3 Max 4 Zeilen Text.

- kein Link oder eine Schaltfläche, die Links zu externen Seiten (vor allem wenn andere es ist eine andere Website).

- klare und verständliche Schriftgröße 14 und Headline 29. In der Regel werden diese empfohlen: Arial und Tahoma.

- für die Testimonials sollten Sie stattdessen Georgien verwenden.

Übertreiben Sie es nicht mit den Grafiken: Fett markierte Wörter, in gelb hervorgehoben, und so weiter.

- Die "Zutaten" einer hervorragenden Sales-Seite (in dieser Reihenfolge)
- • eine gute Schlagzeile (denken Sie an die Zitate)
- das erste grundlegende Element einer effektiven Internet-Marketing-Verkäufe Seite ist die Überschrift. Genau wie eine Zeitung verkauft auf der Front-Page-Schlagzeilen, ihre im-Sales-Seite wird die Zuschauer auf der Grundlage der wichtigsten Schlagzeile erhalten. Folglich müssen Sie sicher sein, dieses so überzeugend wie möglich zu machen, während die Kotierung in einem Satz den größten Vorteil, den Ihr Produkt oder die Dienstleistung dem potenziellen Kunden anzubieten hat.
- Einige Vermarkter nutzen eine drei-Headliner Strategie.
- Die Überschrift besteht typischerweise aus drei Elementen:

• Pre Headliner-") wird verwendet, um die Haupt-Schlagzeile einzuführen

• Headline-") ist derjenige mit den größten Vorteilen und Triggern

• Subhead Line-") es klärt die Überschrift und erzählt der Person, was als nächstes zu tun. Es fügt auch dringend hinzu.

Wie Sie wissen, ist Ihre Schlagzeile die wichtigste Sache auf der Seite. Es muss so überzeugend sein, sollte es eine Aussage oder bieten, die sofort provoziert eine emotionale Antwort und Aussichten würden bleiben, um den Rest der Kopie zu lesen.

Automatisches Aktualisieren des Datums mit dem aktuellen Tag, da es ein Gefühl der Aktualität für den Sales Letter selbst gibt. (Sie können es mit einem einfachen Skript

- • Vor- und Nachnamen (oder Pen-Name, die nützlich ist, wenn Sie sich in mehreren Unternehmen engagieren wollen)
- der Augenblick, in dem Sie sich ehrlich Benehmen und ein gutes Produkt haben, gibt es kein Problem über den Namen.
- • persönliches Foto (wer auf der Seite verkauft, muss verstehen, dass es eine wirkliche Person dahinter steckt)
- muss ein echtes Foto, und Sie sollten Lächeln.
- • Video Sales Letter (optional) erläutern Sie die Vorteile Ihres Produkts
- • perfekte Testimonials
- wenn jemand eine Verkäufe Seite besucht, können Sie keine Ahnung haben, wer Sie sind oder warum Sie von Ihnen kaufen sollten. Um einen Fall zu machen, dass Sie tatsächlich vertrauenswürdig sind, müssen Sie entweder Ihre Anmeldeinformationen auflisten oder andere Personen für Sie bürgen.
- Entweder Sie versuchen, Ihr Produkt zu Ihrer Familie und Freunden und Fragen Sie nach Ihrem Zeugnis, oder die ersten 10 Mitglieder Ihrer Liste, werden Sie das Produkt kostenlos vorschlagen, aber unter der Bedingung, dass Sie Ihnen Ihre Aussage, wenn Sie Ihr Produkt gefällt.
- Testimonials sind sehr nützlich, weil Sie den wahrgenommenen Wert Ihres Produktes erhöhen.
- Wer gibt Ihnen sein Zeugnis, Idealerweise sollte es Ihnen auch ermöglichen, sein Foto, seinen Nachnamen und die Stadt des Wohnsitzes mit der Schriftart "Courier New" (Sie können direkt kopieren Sie den Kommentar von Facebook als auch).
- Wenn gesammelt und klug verwendet werden, sind die Testimonials (vor allem Video) überall, und sind die mächtigsten Weg, um Verkäufe zu erhöhen und zu lösen Zweifel und Zurückhaltung vieler Kunden.
- Sie sollten mit möglicherweise sprechen:
- • das Problem, das der Kunde vor dem Treffen hatte

- • darüber, wie es durch Ihr Produkt/Service/Support gelöst wurde
- • welche Ergebnisse Sie erhielten
- soziale Profile ermöglichen es den Leuten, zu überprüfen, ob das Zeugnis "lebendig" ist, und Fragen auch. Ich versichere Ihnen, dass eine sehr häufige Praxis und wenn gut verwendet es funktioniert großartig.

• Copywriting Techniken

jede gute Nachricht beginnt mit einem Haken, und ihre Verkäufe Seite will auch diese Technik umzusetzen. Ein Haken kann ein oder zwei Sätze, die wirklich greifen die Phantasie und Aufmerksamkeit des Lesers.

Es gibt eine wirkliche Kunst, effektive Haken zu schaffen, aber vor allem ist es etwas, das den Leser dazu veranlassen wird, etwas anzuhalten und das eine emotionale Antwort auslösen wird. Wenn der Haken effektiv ist, tut es genau, was sein Namensgeber sagt: es Haken den Leser in das Lesen der Rest ihrer Verkäufe Seite.

Lassen Sie uns hier klar sein. Niemand verbringt gerne viel Zeit mit dem Lesen von Sales Letters. Im Allgemeinen findet eine große Zahl von Leuten heraus, die dort lesen, um eine lästige Pflicht zu sein. Also, du musst es interessant und aufregend machen. Sie müssen den Leser zu erhalten, um den Rest der Geschichte lesen wollen. Ohne Haken ist die Schlagzeile nicht genug. Sie haben zu berücksichtigen, wie Menschen Blättern eine Geschichte oder Verkäufe Seite zu entscheiden, ob es lohnt sich gründlich zu lesen.

Erstens lesen Sie die Überschrift. Wenn das schnappt Sie, Sie werden die ersten paar Sätze zu lesen. Dann werden Sie höchstwahrscheinlich zu den Bullet Punkten oder die Subrubriken überspringen, um zu entscheiden, ob in den Sales Letter tiefer eintauchen.

Wenn Ihre ersten Sätze sind eine Bohrung, das ist über die Zeit werden Sie verlieren, dass Web-Surfer zu einem anderen Internet-Vermarkter. Sie müssen die ersten paar Sätze zu zählen, denn das kann das einzige, was ein Besucher liest zu entscheiden, ob Sie mit Ihrem Angebot oder nicht.

- **Ich erkläre besser diese Auslöser im Copywriting Teil.**
- • Aufzählung und nummerierte Liste

- zusammen mit guten Copywriting Techniken, wenn Sie durch eine Reihe von Internet-Marketing-Verkäufe Seiten gehen, werden Sie finden, Sie fast alle haben eine Sache gemeinsam: eine Aufzählung von Vorteilen.

- Dies ist der beste Weg, um Ihre Vorteile aufgrund der Art und Weise Menschen eine Verkäufe Seite scannen, bevor Sie entscheiden, was zu lesen. Die Aufzählung macht es einfach, die wichtigsten Vorteile zu scannen und dann lesen Sie alle Details, wenn der Hauptvorteil ist ansprechend.

- Die Reihenfolge der Aufzählungszeichen ist auch wichtig. Sie möchten die größten Vorteile zuerst auflisten und ihren Weg nach unten arbeiten. Auch dieses ist, weil Leute neigen, anfangen zu lesen und dann Zinsen verlieren, die Sie lasen. Also, um Sie zu lesen, setzen Sie die saftigen Vorteile an der Spitze und arbeiten Sie Ihren Weg zu den schwächsten Vorteilen am unteren Rand der Liste.

- Stellen Sie sicher, dass Sie so viele Vorteile, wie Sie denken können, auch wenn die Liste mehrere Seiten führt auflisten. Wenn der Besucher Sie nicht lesen will, wird er/Sie einfach auf den nächsten Untertitel scrollen.

• E-Cover 3D des Produkts (Wählen Sie einfache, klare Bilder, die jeder sofort erfassen kann die Bedeutung von!!)

zusammen mit dem Cover können Sie mit Aufzählungszeichen die Funktionen oder Spezifikationen des Produkts oder der Dienstleistung im Detail aufführen.

Wichtig: je nach der Länge Ihres Kurses können Sie es in Stücke brechen mindestens 5–6 + Boni, von denen einige der Main Kurse, und andere Boni.

Dies wird gebildet, um den wahrgenommenen Wert des Produkts zu erhöhen. In der   1.
".Tat muss die Aussicht denken, "das ist wirklich eine Menge Zeug

Um die Abdeckung zu machen, können Sie auf Fiverr gehen, indem Sie eine "3D   2.
.Abdeckung" für $5

3. Klicken Sie hier: Fiverr um auf dem eBook Cover-Seite zu erhalten und suchen Sie nach einem "3D Cover Maker".

4. 4. Geld-zurück-Garantie

5. von mindestens 30 Tagen oder 60 Tagen.

6. Ich traf so viele Menschen Sorgen über dieses aber denken Sie daran, dass die Menschen zu halten, was Sie gekauft, es sei denn, wir sprechen von etwas Fache oder gebrochen.
7. 5. verwenden Sie einen Kauf-Knopf mit einem klaren "Call to Action", wie ich bereits gezeigt haben Sie mit der Squeeze-Seite.
8. Jede Verkäufe Seite sollte einen Anruf zu Aktion haben. Sie könnten denken, dass die Besucher genügend Eigeninitiative haben, um die Schaltfläche "jetzt kaufen" zu finden und darauf klicken. Oft ist das nicht der Fall.
9. Menschen sollten alle Schritt der Weg durch ihre Verkäufe Seite geleitet werden, damit Sie wissen, was von Ihnen erwartet wird und was Sie Ihnen im Gegenzug anbieten können. Es mag simpel scheinen, aber die Frage nach dem Verkauf ist eines der wichtigsten Dinge, die Sie brauchen auf ihrer Verkäufe Seite. Es kann buchstäblich verdoppeln Sie Ihre Wirksamkeit, indem Sie diesen Aufruf zu Aktion.
10. 10. Kundendienst
11. der potenzielle Kunde könnte noch einige Fragen haben, so schreiben Sie auf der Fußzeile:
12. "für irgendwelche Fragen oder wenn Sie Hilfe benötigen: (Ihre E-Mail)".
13. Dies scheint sehr einfach, aber viele im Menschen umgehen es aus Furcht vor, "zu verfügbar." Sie haben nicht zu geben, eine körperliche Adresse, sondern mit einer Telefonnummer oder E-Mail-Adresse, wo die Menschen können Sie zu Fragen Pre-Sales Fragen ist gut. Es zeigt, dass Sie ein tatsächlicher Live-Person, die Geschäfte machen Online und nicht nur einige Scham Website.
14. Wichtig wann werden Sie auf eine E-Mail Antworten, tun Sie es so schnell wie möglich.
15. 15. die Bestell-Seite
16. die Seite Order ist die Seite, die ein potenzieller Kunde nach einem Klick auf den Kauf-Knopf (in den Warenkorb) sehen wird.
17. Sie möchten wirklich klare Anweisungen für den Bestellvorgang geben. Es sollte so sein, als ob jemand, der nie online bestellt hat plötzlich ihre Website gefunden und wollte bestellen.

18. Wie würden Sie den Bestellvorgang erklären? Dies ist die Art, wie Sie die Dinge machen wollen: einfach genug für ein Kind zu verstehen, wie man bestellt. Sie sollten Schritt-für-Schritt-Anleitungen, die sehr einfach zu folgen und lassen Sie keinen Raum für Missverständnisse.

19. als Zahlungsmethode sollten wir uns vollständig auf PayPal konzentrieren, als eine Angelegenheit des Vertrauens und der Popularität darüber. Es wäre besser, Kreditkarten und Banküberweisungen auch zu verwenden.

Schließlich, nachdem Sie bezahlt haben, müssen Sie dem Klienten eine Downloadseite präsentieren, durch die Sie das Produkt herunterladen können, das gerade gekauft wird.

Wichtig

Eine der besten Möglichkeiten, um herauszufinden, wie man eine effektive Verkäufe Seiten zu schreiben ist, einen Blick auf die, die Sie zu kaufen inspirieren zu nehmen.

Gehen Sie einfach online und starten Sie Ihre eigenen Recherchen durch den Besuch ihrer Wettbewerber Websites und sehen, wie Sie Ihre Seiten erstellt haben, um Verkäufe zu generieren.

Es gibt keinen Grund, warum Sie nicht einige ihrer Strategien auf Ihren eigenen Seiten verwenden können. Sie können sogar einige psychologische Auslöser, die Sie nicht bewusst sind, und das sind sehr effektiv für Ihren Markt Nische. Achten Sie einfach darauf, Ihre Verkäufe kopieren wörtlich zu kopieren. Das nennt man Plagiat.

Stattdessen suchen Sie nach den Ideen hinter den Wörtern und den Marketingstrategien, die Sie verwenden. Dann bauen Sie Ihre eigenen Verkäufe Seiten mit ihren eigenen Wörtern und Bildern, um Ihnen zu helfen, noch bessere Ergebnisse zu erzielen.

Kapitel 8: explosiver Web-Traffic

In den ersten Monaten sind Sie online mit Ihrem Info-Geschäft, müssen Sie sich über, vor .allem, wie man Besucher auf Ihre Seiten zu kümmern

Es ist wichtig zu erkennen, dass es keinen freien Verkehr. Sie zahlen entweder für den Verkehr mit ihrer Zeit oder mit Ihrem Geld. Und je früher Sie für es mit Ihrem Geld bezahlen können, desto besser, denn dann können Sie anfangen, Ihr Geschäft mit einem viel schnelleren Tempo zu wachsen.

Unabhängig davon, ob Sie Zahlen mit Zeit oder Geld, gibt es intelligente Wege und nicht so intelligente Wege, um Verkehr zu bekommen. Anfangs kann es sehr frustrierend sein, um zu versuchen, Traffic Streams selbst erstellen. Zum Beispiel, ein Blog starten und versuchen, die Menschen auf den Blog, so dass Sie auf Ihre squeeze-Seite erhalten können, ist harte Arbeit und nimmt Zeit. Es lohnt sich die Investition, aber erkennen, es wird wahrscheinlich nicht auszahlen für sechs Monate oder mehr.

Deshalb, wenn Sie zuerst anfangen, möchten Sie Traffic-Streams finden, die bereits vorhanden sind und in diese zu tappen.

Wenn Sie den Verkehr kaufen, verbringen Sie das Geld, das es braucht, um guten Verkehr zu erhalten. Billige Verkehrs ist kein Schnäppchen, wenn es nicht zu konvertieren. In der Regel weniger zahlen Sie für den Verkehr, die niedrigere die Qualität, aber es kann Ausnahmen. Facebook, zum Beispiel, kann eine Quelle der sehr preiswerten Verkehr, der wirklich gut wandelt.

Für den freien Verkehr, sozial Media ist Ihr #1 Veranstaltungsort. Post oft und überall. Post Grat Konten und hilfreich sein. Finden Sie Fan-Seiten und werden Sie Mitglied, dann senden Sie diesen Traffic auf ihre Opt-in-Seite.

Wenn Sie können, Partner bis mit anderen Menschen, die Listen und arbeiten-Angebote. Angebot, Sie zu zahlen, um ein Banner auf Ihrer Website oder zu empfehlen, Sie Ihren Lesern. Guest Blog, und am Ende ihrer Beiträge bieten den Lesern Ihr kostenloses Geschenk. Do AD-Swaps mit anderen Listen-Eigentümer und Website-Eigentümer. Angebot zu zahlen, eine Pauschale, um große Liste Eigentümer, wenn Sie Ihr kostenloses Geschenk an Ihre Abonnenten bieten. Dies funktioniert besonders gut in jeder Nische anders als die im-Nischen, da große Liste Eigentümer in anderen Nischen sind nicht mit diesen Arten von angeboten, die oft angesprochen.

Und Bedenken Sie, wenn Sie Ihren Trichter eingerichtet haben, können Sie fast alle Ihre Zeit, um Verkehr zu widmen, weil alles andere läuft auf Automatik. Dies bedeutet, wenn Sie sich leisten können, um Ihren Traffic zu kaufen, wird dies praktisch ein Handstoff-Geschäft, und Sie können Ihre Zeit einrichten eine zweite und einen dritten Trichter, und so weiter.

Der Verkehr ist natürlich mit dem Marketing Ihres Produktes verbunden. In der Tat, auch wenn Sie die gleichen Besucher jeden Monat können Sie viel mehr Umsatz als zuvor, wenn Sie auf Ihrem Marketing zu arbeiten.

Allerdings vergessen, dass eine Website mit sehr wenigen besuchen kann eine Menge Geld zu machen.

Kaufen Sie nicht jemals Listen von E-Mail, nicht Spam auf Blogs, Foren und Facebook! Das einzige, was Sie zurück erhalten würde, ist nur negativ, werden Sie von Administratoren verboten und erhalten Zero Sales.

Ich zeige Ihnen jetzt den besten Weg, um Besucher auf Ihre Website zu bringen.

- Erstellen und Verwalten eines Affiliate-Programme

- Dies ist bei weitem, eine der besten Techniken und potenziell mächtiger, um eine Menge von Traffic auf Ihre Website zu bringen!

- In der Tat können Sie von einer Menge von Tochtergesellschaften profitieren, dass im Gegenzug für eine Provision auf jeden verkauften Exemplar (zwischen 30 % und 40 %) Sie Ihnen helfen, verkaufen Sie Ihre Produkte auf ihr Potenzial Ziel.

- Menschen, die in Ihrem Affiliate-Programm zu Affiliate haben, um sich für Ihr Affiliate-Programm, und nach, dass die Verfahren zur Sponsor ein Online-Produkt sind:

• Verwenden von Links und Bannern, die Produkte Sponsoren und integrieren Sie in Ihre Website.

• Bericht an Ihre E-Mail-Liste (auch direkt mit dem Thema verbunden) Ihr Produkt mit Ihren Affiliate-Links.

Zum Beispiel: "Ich fand diese wirklich interessante Ressource, wie man Bulk-up Ihrer Abs." Ich schlage vor, Sie überprüfen es hier. "

Beide Links, die Banner sind Bezeichner, das heißt, der Code ist für jeden Affiliate anders.

Dieses System ermöglicht es, präzise und automatisch die von ihren Tochtergesellschaften erzeugten verkehr zu verfolgen.

Als Ausgleich für den Verkauf wird anerkannt Affiliate eine Provision, basierend auf einem .% gewissen Prozentsatz aus jedem Verkauf, die um etwa 30

Die beste Seite, auf der Ihr Affiliate-Programm zu veröffentlichen, und finden Tausende von Tochtergesellschaften in kürzester Zeit ist Jvzoo. (Klicken Sie hier: Jvzoo, um die beste Website zu erhalten, in der Ihr Affiliate-Programm zu werben).

- Verweise (Traffic, die Sie von anderen Websites erhalten)
  Verweise ist immer eine nützliche Technik, und vor allem macht es den Unterschied, wenn Ihre Website wurde vor kurzem geboren und hat nicht viel Anhänger und Evangelist.

1. • Gast-Post
2. es ist das wichtigste Werkzeug für den Verkehr auf Ihrer Website, unabhängig vom Alter der Website und ihrer Ebene der Autorität, auch wenn Sie gerade anfangen.
3. Es ist ein Original-Artikel auf einem anderen Blog veröffentlicht, dass bereits eine etablierte folgende und so wird Sie ihnen Sichtbarkeit.
4. Schreibe eine Liste von einflussreichen mit einem bekannten Blog und mit viel Verkehr in ihrer breiten Nische

5. knüpfen Sie Beziehungen zu diesen Einflüssen, interagieren Sie mit Ihnen in sozialen, teilen und kommentieren Sie Ihre besten Inhalte.

6. bitten Sie, eine Gast-Post zu schreiben

7. Erstellen Sie es

8. Geben Sie einen starken Anruf zu Aktion am unteren Rand der Post für die Anmeldung zu Ihrer Liste

• Joint Venture

Zusammenarbeit zwischen Bloggern, wo Sie einander fördern. Sie können dies auch nach gegenseitiger Gast-Post zu erhalten.

Suchmaschinen Ranking und SEO

auf Suchmaschinen positioniert werden bedeutet Ranking gut in den Top-Positionen von Google mit relevanten Schlüsselwörter für Ihr Unternehmen.

Wenn Sie noch am Anfang des Prozesses sind, ist es praktisch, SEO zu tun, ist dies, weil SEO viel Zeit braucht, um große Fertigkeiten, die nicht über Nacht gelernt werden zu erwerben.

Und sogar zu wissen, die SEO es Monate dauern würde, vielleicht Jahre hängt von Ihrer Nische, um gute Platzierungen Google-Positionen zu erhalten.

- Google selbst spricht sorgfältig von dieser Praxis:

    - Die Entscheidung, einen SEO-Spezialist einzustellen ist eine große Entscheidung, die potenziell Ihre Website verbessern und sparen Sie Zeit, aber es kann auch Schäden an Ihrer Website und ihren Ruf. Stellen Sie sicher, dass Sie verstehen, was die potenziellen Vorteile sowie die Schäden, die ein unverantwortlich SEO tun können, um Ihre Website. Viele SEO und andere Agenturen und Berater bieten nützliche Dienste für Website-Eigentümer, einschließlich:

• Prüfung des Inhalts oder der Struktur der Website

• technische Beratung zu Website-Entwicklung, z. b. Hosting, Umleitungen, Error-Seiten, Verwendung von JavaScript

• Konten-Entwicklung

• Verwaltung von Online-Kampagnen zur Entwicklung kommerzieller Aktivitäten

• Stichwort-Recherche

• Schulung für SEO

• Expertise in bestimmten Märkten und geografischen Gebieten

Wenn Sie denken, über die Verwendung der Dienste eines SEO, die früher, desto besser. Eine der besten Zeiten zu starten, um die Dienste eines SEO ist, mit einer Website Neugestaltung, oder die Planung, um eine neue Website zu starten. Auf diese Weise können Sie und Ihr SEO sicherstellen, dass Ihre Website ein Design, das die Scann durch Suchmaschinen erleichtert haben. Jedoch kann ein guter SEO auch helfen, eine vorhandene Seite zu verbessern.

Trotz der Tatsache, dass SEOs eine nützliche Dienstleistung für Ihre Kunden bieten kann, haben einige ethische SEOs ein schlechtes Licht auf die gesamte Kategorie mit ihren übermäßig aggressiven Marketing-Anstrengungen und versucht, falsch zu manipulieren Suchmaschinen-Ergebnisse. Praktiken, die unsere Richtlinien verletzen, kann zu einer negativen Anpassung der Präsenz Ihrer Website in Google oder sogar die Entfernung aus unserem Index führen.

- **Hier gibt es gute Fragen, können Sie einen SEO Fragen:**
  - • Können Sie Beispiele für die Arbeit zeigen, die Sie zuvor getan haben und mir einige Fälle erfolgreicher Optimierungen mitteilen?
  - • Befolgen Sie die Google Webmaster-Richtlinien?
  - • bIeten Sie Online-Marketing-Services oder Beratung zur Ergänzung ihr Bio-Recherche-Geschäft?

• Welche Ergebnisse erwarten Sie und in welcher Zeit? Wie Messen Sie Ihren Erfolg?

• Was ist Ihre Erfahrung in meiner Nische?

• Was ist Ihre Erfahrung in der Entwicklung internationaler Websites?

• Was sind Ihre wichtigsten SEO-Techniken?

• Wie lange Sie diese Tätigkeit ausüben?

• Wie kann ich mit Ihnen kommunizieren? Mit mir, alle Änderungen an meiner Website und Sie werden detaillierte Informationen über ihre Empfehlungen und die Gründe, die ihm zugrunde liegen?

:Sowieso, zeige ich Ihnen meine schnelle und praktische Geheimnisse für das tun SEO

• Domain-Name und Website "hoch" Bezeichner Ihres Geschäfts (Klicken Sie hier: netsons, (um Ihre Domain in einer sicheren Weise zu kaufen

• schnelles und sicheres Hosting wie Hostgator (Klicken Sie hier: Hostgator ich empfehle Ihnen (die "Baby-Plan", die ich verwende

Vermeiden Sie das Setzen des Textes im Bildformat •

• Meta Title Tag und Meta-Beschreibung Tag optimiert

- Mailingliste (verkehr, die Sie von Ihrer E-Mail-Liste erhalten können)
  Mal sehen, wie die Liste der Abonnenten verwenden (mit squeeze-Seiten und Blogs), um Qualität Verkehr und automatisch zu erhalten.

• Autoresponder

ich habe bereits darüber gesprochen, wie nützlich ein Autoresponder ist. Das Ziel ist es, eine Beziehung zu Ihrem Ziel zu erstellen und dann E-Mail senden, in der Sie über Sie sprechen, Ihre Marke Positionierung, stellen Fragen, Fragen, etc....

Die E-Mails enthalten in der Regel das wichtigste Thema, das Sie auf Ihrer Website, die möglicherweise von Interesse für Ihre Benutzer, und enthält Links, die auf Ihre Website.

- E-Mail-Marketing ist eine großartige Möglichkeit, "Feed" Ihren Traffic, und auch zu verkaufen Sie Ihr Produkt/Service Linking die Verkäufe Seite, und darüber, vermeidet das Versenden von E-Mails am Montag, Freitag, Samstag und Sonntag.

  Vermeiden Sie als auch Urlaub Perioden (August, Weihnachten Feiertage, etc.), es sei denn, es gibt einen bestimmten Grund auf Ihr Produkt bezogen.
  Senden Sie immer am frühen Morgen (idealerweise um 6,00 Uhr) und nie nachmittags.

• neue Post-Benachrichtigungen (Broadcast)

Senden Sie Benachrichtigungen an Ihre E-Mail-Liste der neuen Beiträge über Autoresponder, exklusiv für neue Inhalte und Artikel, beide, um den Verkehr zu bringen, dass eine Beziehung mit den Leuten, die Ihnen das Vertrauen, um Ihre Mailingliste abonnieren.

◊ Konten-Marketing (Traffic, den Sie vom Publishing-Content erhalten)
Erstellen von Inhalten ist der beste Weg, um Glaubwürdigkeit aufzubauen und freien Verkehr von Suchmaschinen zu erhalten.
"Inhalt ist König", sagt ein berühmtes Zitat von Bill Gates in 1996
umso mehr das Drehbuch geschrieben ist, denkt an das Publikum, umso effektiver wird es sein.

Vor allem in einigen konkreten Fällen gibt es Informationen und Wörter, die Aufmerksamkeit mehr erregen als andere, je nach Zielgruppe.

:Was Sie mit solchen Inhalten tun müssen, ist •

• Catch-Aufmerksamkeit

das Skript sollte klar, prägnant und fokussiert auf den Punkt von Anfang an

• um den Inhalt scanbare

Vermeiden Sie große Blöcke ununterbrochenen Textes. Verwenden Sie die Titel (Überschriften), Untertitel (Sub-Überschriften) und Aufzählungszeichen, um den Text und das Chunking von Informationen zu unterteilen: Stichworte, Hervorhebung und kurze Absätze

• machen Sie Original

exklusiver Inhalt ist ein Schlüssel zum großen Interesse von Nutzern und schafft unsere Relevanz und Autorität.

- Idealerweise sollte der Benutzer in der Lage sein, die Lektüre an jedem beliebigen Punkt im Text zu stoppen, haben aber bereits einen Sinn für den Inhalt erhalten.

  Testen Sie mehr Version des gleichen Textes Sie schrieben
  wann immer es möglich ist zu überprüfen, welche Version eine größere Anzahl von positiven Feedback (Konversionsrate, die offene Rate der E-Mail, etc ...)

- • Tutorial

- "wie zu tun", die stellen, die die Menschen lehrt, ein bestimmtes Problem zu lösen, und befriedigen einen Wunsch.

- Es ist wichtig, dies in jeder Nische, die Sie kümmern, die Dinge, die Ihre Zielgruppe nicht tun kann und stellen Sie mit sehr praktischen und spezifischen Lösungen zu identifizieren.

- Es erlaubt Ihnen, zum Bezugspunkt für Ihr Publikum zu werden.

- • Newsjacking

- die newsjacking ist eine Technik, mit der Sie neue Ideen aus alten Argumenten erstellen können. Es beinhaltet die Ausnutzung einer sehr beliebten Trend, mehr Aufmerksamkeit auf Ihre Marke und Ihr Produkt zu bringen.
- Zum Beispiel nutzt der Artikel "3 Business Lektion von X-Men" die beliebte Fernsehserie, um über etwas ganz anderes zu sprechen.
-
- • Interviews
- Sie sollten einen Experten in einem bestimmten Feld oder einer interessanten Person finden, und Sie werden zum Vermittler zwischen der Person und Ihrem Publikum.
- Die wichtige Sache ist, dass ihre Anhänger Sie mit dieser Person assoziieren werden, zu einem Verweis auf dieses Thema als auch.
- Gleichzeitig erhöhen Sie Ihre Erfahrung und ihre Kenntnisse.
- Es ist leicht vorzubereiten und ihre Arbeit kann reich an Inhalten, wenn Sie wissen, um die richtigen Fragen zu stellen.

• Content-Kuration

Sie organisieren Inhalte, die bereits über ein bestimmtes Thema veröffentlicht wurden.

Es ist eine nützliche Dienstleistung für eine Person, die eine Menge von Informationen, einschließlich der Suche nach der Lösung für sein Problem oder einen Wunsch zu erfüllen.

Ein guter Weg, um die Inhalte Kuration ist zu nutzen, was Menschen wollen oder Fehler, die Sie wollen zu vermeiden. Zum Beispiel, Angst ist eine starke Motivation für den Menschen, kann es die Angst, etwas zu verlieren, fehlt auf etwas oder Fehler zu machen. Ein Artikel über die typischen Fehler in einem Bereich erhält sicherlich viel Aufmerksamkeit.

Ein Beispiel ist "wie man 7 typische Fehler von Anfänger Infopreneurs vermeidet."

Verwenden Sie also verschiedene Informationen aus verschiedenen Quellen, um ursprüngliche Inhalte zu erstellen.

Sie können die oben genannten Arten von Konten-Marketing in verschiedenen Formen mischen: Videos, Artikel, Audio, kostenlose eBooks und bezahlte eBooks.

Unter all diesen, Videos sind eine zunehmend beliebte und akzeptable Weise zu teilen, zu unterhalten und zu engagieren. Es ist möglich, Informationen zu geben, während die Sachkenntnis Ihrer Nische überträgt.

Es ist eine großartige Möglichkeit, die Aufteilung der Inhalte zu erleichtern, das Bewusstsein für Ihre Marke Positionierung, und zur Verbesserung Ihrer Website (zum Beispiel die Seite "Sales", wo Sie Ihr Produkt beschreiben).

Wichtig: Achten Sie auf die Länge des Videos, das vom Zweck und dem Inhalt des Videos abhängt. Generell, je länger die Videos dauern, umso wahrscheinlicher werden Sie nicht bis zum Ende zusehen. Die ideale Länge beträgt 2/3 Minuten, mit Fokus auf die ersten Sekunden, um die wichtigsten Nachrichten zu übermitteln.

Sozial Media Marketing

Der Hauptzweck der sozialen Medien ist die Weitergabe Ihrer Inhalte und erstellen Sie ein Netzwerk von Menschen.

Sie sind ein großartiger Verbündeter, um das Bewusstsein für die Marke und die damit verbundenen Werte zu schärfen.

• immer mit dem zuhören beginnen

beobachtet den Inhalt Ihrer Konkurrenten und differenzieren Ihre Marke, indem Sie sich auf das spezifischere Thema konzentriert.

• Kritik verwalten

weist auf die Fehler ihrer Konkurrenten, ihre Schwächen, die stattdessen ihre Stärken.

Neben der heutigen Verbreitung von sozialen Plattformen kann sehr kompliziert die Aufgabe der Verfolgung alles, was geschieht auf den verschiedenen Social-Networking-Accounts. Glücklicherweise vereinfachen Instrumente "Sozial Media Dashboards" die Konsolidierung der zugehörigen Workflow in nur einer praktischen Webseite.

Das berühmteste von diesen ist HootSuite.

Facebook

Ihr "persönliches Profil" ermöglicht Ihnen, ihre Inhalte zu teilen und ist ein ausgezeichneter Ort, um zu beginnen, vor allem, wenn Ihre Website ist ein interessantes Thema für Ihre

Freunde.

Die "Seite" ist ein notwendiger Schritt, aber es muss ein gutes Gleichgewicht zwischen Inhalt, Kommunikation und "gamification" (Quiz, unterhaltsam).

• Twitter

Sie können gerade teilen direkte Verbindungen durch Tweets, aber der Pfosten hält für eine halbe Stunde.

Es ist nützlich für die Erstellung Ihrer Marke über hashtag (Brand Awareness), aber nicht so sehr in Bezug auf den Verkehr.

• Instagram

der einzige Weg, Sie können nur einen clickable Link ist durch ihre Biografie.

Es funktioniert, um Anhänger zu erhalten und ihre eigenen Pfosten zu zeigen, aber um Verkehr zu erhalten, ist es nicht so mächtig.

• YouTube

Es ist ein sehr starkes soziales Medium. Alle Inhaltstypen können im Videoformat enthalten sein, und Sie können eine Hyperlinks in der Beschreibung des Videos hinzufügen.

Sie können Anmerkungen oder Banner verwenden, die während des Videos angezeigt werden, und dass Sie bearbeiten können, wie Sie die Aktion aufrufen möchten.

Außerdem, durch Video zu verkaufen, erhöhen Sie die Wahrscheinlichkeit von Ansichten auf Ihre Videos.

Sozial Media bringt Sie näher an die Menschen, und es gibt Ihnen die Werkzeuge, um die Beziehung der Menschen mit Ihrer Marke zu verbessern.
Making einen guten Eindruck Online ist wichtig, wie beim Umgang mit Kunden Face to Face.
So übertragen Begeisterung und Leidenschaft! Wir reden nur über Ihr Geschäft.

Das Ziel ist:
• Verbesserung Ihres Geschäfts-Profils und Positionierung der Marke
• Monitoring von Gesprächen und Management Ihres Reputation Online

- Ermittlung von Trends in Ihrem Markt
- Verwaltung des Flusses von Informationen

◊ bezahlter Traffic

wenn Ihre Website ist optimiert, um zu verkaufen, bezahlt Verkehr kann eine gute Möglichkeit, Verkehrs- und Einnahmen zu erhöhen.

Wichtig: Wenn Sie die Wahrscheinlichkeit der Verschwendung von Geld mit bezahlten Werbung minimieren möchten, können Sie es nur tun, wenn: Sie verstehen Ihre spezifischen Zielgruppe, haben Sie gelernt, über das Internet gut zu kommunizieren, und Ihr Publikum weiß, Sie handeln in ihrer besten Interesse.

Die Pay-per-Click (oft abgekürzt als PPC), auch bekannt als Cost-per-Click, ist ein Online-Werbe-Modell verwendet, um den Verkehr auf Websites zu leiten; der Inserenten zahlt eine einheitliche Rate im Verhältnis zum Klicken er erhält, das ist nur, wenn ein Benutzer auf Ihre Anzeige klickt.

- Google AdWords ist ein gutes Beispiel für PPC-System.

In diesem Fall, AdWords "meets" eine aktive Nachfrage der Menschen auf der Suche nach einem bestimmten Thema und es ermöglicht Ihnen, sich zu positionieren sich unter den ersten Websites in der SERP.

Wenn Sie gut tun, Ihre Werbung und Sie werden mit den richtigen Keyboards assoziieren, dann wissen Sie, dass die Menschen, die Ihr Stichwort geben wird Ihre Werbung zu finden.

Doch in den letzten Jahren, aufgrund der hohen Konkurrenz, AdWords erhöhte die Kosten pro Klick erheblich, sogar zu "Verbot" in einigen Nischen.

Wenn Sie nicht möchten, dass eine schlechte Erfahrung mit AdWords haben, dann gewissenhaft den Kurs von Google selbst, die Sie hier finden können, folgen: https://goo.gl/roRhLN

1. beginnen Sie ohne Investition viel Geld. Es gibt Optionen, mit denen Sie den Haushalt, die Sie verwenden möchten, wenn Werbung, so stellen Sie sicher, dass Sie nicht mehr ausgeben als Sie gewählt haben.
2. wenn die Dinge nicht gut gehen, versuchen Sie, Ihr Marketing zu verbessern und/oder optimieren Sie Ihre AdWords-Kampagnen, und wenn die Dinge weiter schief gehen, dann aufhören, mit diesem Werkzeug und schalten Sie andere Quellen des Verkehrs.

- Facebook-anzeigen

ein anderes PPC-System, das sehr leistungsfähig ist und potenziell rentabel ist Facebook Ads. Im Gegensatz zu Google hier die Werbung nicht erscheinen, weil jemand eine Suche auf Facebook durchgeführt, aber es ist nach verschiedenen Arten der Profilerstellung, die auf, wer Sie sind, Ihr Alter, ihre "Vorlieben", ähnliche Seiten, auf denen Sie geklickt haben, oder geteilt, und ihre Interessen im Allgemeinen.

Im Augenblick ist ein sehr wirtschaftliches System (wie es AdWords war) und Sie können eine große Zahl von Leuten mit einem kleinen Preis pro Tag erreichen.

- sonstige soziale

tatsächlich sind Twitter und Instagram weniger rentabel als Facebook.

Persönlich empfehle ich Ihnen, ein Auge auf YouTube-anzeigen zu halten, wenn Sie an der ging Videos interessiert sind.

Unter all diesen Formen des Verkehrs, die wir Sprachen, ich persönlich beraten Sie mit Gast-Posts zu starten und Ihr Netzwerk mit anderen Einflüssen zu bauen, weil es frei ist und mehr als das im Hinterkopf behalten: "Ihr Netzwerk ist Ihr Netto-Wert

Kapitel 9. verprügeln Sie Ihre Verkäufe machen Menschen glauben an alles, was Sie schreiben

Copywriting ist eine Technik, um Text zu schreiben, dass "Einflüsse Menschen und treibt Sie zu einer Aktion, die Sie wollen"; Verwenden Sie Wörter, um eine Reaktion zu verursachen, die Reaktion, die Sie im Reader wünschen.

Copywriting hat nichts mit der Gabe des Schreibens zu tun, also, wenn Sie nicht wissen, wie zu schreiben, werden Sie immer noch in der Lage zu schreiben, was Sie für das
Copywriting brauchen.
Dies bedeutet nicht, dass Sie sich leisten können, um Fehler und Syntaxfehler zu machen!
Copywriting, normalerweise, hat diese Ziele:
1. überzeugen Sie sich. Überwinden Sie alle Zweifel, um Ihr Publikum von Ihrem Angebot zu überzeugen.
2. Aktivieren Sie. Ihr Publikum wird nicht nur zu denken, dass das Produkt X ist die beste, sondern muss auch denken, "OK, ich kaufe es."

Die Säulen des Copywriting
es gibt zahlreiche psychologische Auslöser, die eine sofortige Reaktion mit Ihrem Publikum produzieren werden. Sie sollten diese Auslöser zu studieren, verstehen die demographische Sie sind Marketing zu, und wählen Sie dann eine, die mehr geeignet ist, um Ihr Marktsegment Rechtsmittel.

- Zum Beispiel, sagen Sie, Sie verkaufen ein Produkt, das viele Wettbewerber auf dem Markt haben könnte, wollen Sie sicherstellen, dass wer landet auf Ihre Verkäufe Seite Bestellungen von Ihnen, anstatt die Zeit zu nehmen, um den Anwendungsbereich der Wettbewerber und Angebote zu vergleichen. Sie werden feststellen, dass ihre demographische besteht aus geschäftlichen Menschen, die verwendet werden, um Fristen und wird darauf abzielen, ein gutes Geschäft zu erhalten.
- So implementieren Sie ein zeitlich begrenztes Angebot, um das Verhalten zu kaufen, jetzt und machen es unangenehm für Sie, sich die Zeit nehmen, um anderswo aus Furcht vor dem Verlust auf eine große Sache. In diesem Fall werden Sie Ihren größten Nutzen, aber Sie machen es auch klar, dass das Angebot nur für die nächsten 12 Stunden oder bis das Produkt ausverkauft ist.
- Als Internet-Vermarkter, müssen Sie wissen, dass Menschen auf Impuls kaufen viele Male. Sie können Ihnen eine rationale Erklärung, nachdem der Verkauf abgeschlossen ist, aber letztlich, viel zu kaufen Verhalten ist eine emotionale Reaktion auf einen bestimmten Marketing-Auslöser. Einige der Auslöser, die Sie verwenden können, sind:

• einfache Bedienung

wenn Sie eine Lösung für ein Problem gefunden haben, das das Leben der Menschen ernsthaft erschwert, erhalten Sie eine Menge Verkäufe.

λ Status

wenn Ihre demographische ist wohlhabend, dann können Sie suchen Status-Symbole, um sich auseinander von den üblichen Folk.

λ Zugehörigkeit

Menschen beitreten alle Arten von Gruppen, wo Sie fühlen sich ein Gefühl der Gemeinschaft oder Zugehörigkeit. Wenn Sie Ihr Produkt oder Ihre Dienstleistung an irgendeine Gruppen-Identität binden können, die Groß und lukrativen ist, können Sie eine ganze Reihe von Verkäufen mit diesem Auslöser erhalten.

λ Risikobereitschaft

wenn Ihr Kunde steht zu verlieren, indem Sie nicht auf eine zeitlich begrenzte oder begrenzte Menge Angebot, werden Sie beißen, um den Verkauf häufiger als nicht zu schließen. Außerdem gibt es zwei entscheidende Punkte, die Sie immer im Hinterkopf behalten sollten, wenn Sie Texte schreiben.

1. der Hauptgrund, warum Menschen handeln ist Furcht

Die überwiegende Mehrheit der Menschen verbringen viel Zeit und Energie, um von etwas, das als eine Gefahr wahrgenommen, anstatt zu einem Vorteil zu entkommen.

Wir können Liste 7 Hauptgründe, warum Menschen kaufen:
- Furcht
- Lust, wichtig zu sein
- Gier
- Lust zu gewinnen
- Komfort
- Lust, eine einmalige Erfahrung zu versuchen
- Geschlecht

Unter allen von Ihnen ist die wichtigste Furcht, die Angst davor, etwas zu verlieren, oder nicht, etwas zu gewinnen, hinterzufallen und so weiter.

Wie ich Ihnen sagte, neigen die Leute dazu, mehr von sich selbst zu aktivieren, wenn Sie Angst haben, zu verlieren, als der Wunsch zu erhalten.

2. ein leistungsfähiges Träger Wort: "Fehler."

Da wir Angst davor haben, Fehler zu machen, wenden wir uns immer auf dieses Thema, um eventuelle Fehler in dem, was wir durchmachen, zu vermeiden.

Auch verwenden Sie den "Fehler" Konzept funktioniert wunderbar, wenn es Sie sind, die erste zugeben, einen Fehler Sie taten, egal ob real oder nicht (aber es ist unwahrscheinlich)

Verwenden von Triggern mit Bildern

Einige der Möglichkeiten, Einfluss auf die Psychologie des Lesers, der Ihre Verkäufe Seite besucht, ist, visuelle Auslöser zu verwenden. Humor ist ein sicheres Verfahren, um den Leser in Ihre Kopie zu ziehen; seien Sie vorsichtig, nicht zu machen es Crass, unprofessionell, oder so simpel, dass es den Leser beleidigt. Es gibt eine feine Linie zwischen Humor und Ekel.

Das Schlagen der rechten Notiz kann zu einer wunderbaren Art und Weise zu verbinden, um den Leser und bringen Sie in eine enge Beziehung zu ihren Produkten und Dienstleistungen.

Die besten Arten von Humor sind diejenigen, die einige gemeinsame Facette des menschlichen

Verhaltens zu nehmen und leicht Pokes Spaß daran. Es bringt sofort in den Leser, der sich auf das Bild zu beziehen und hilft, Sie in der Lage zu versetzen, auf den menschlichen Zustand zu lachen.

Es ist absurd, aber es kann auch eine Gelegenheit sein, ihren größten Nutzen zu verkaufen, wenn Ihre Produkte oder Dienstleistungen in der Lage sind, diese Situation zu konfrontieren und ein Resultat zu liefern.

"Aida" Modell und Sprache, die Sie verwenden müssen
das Modell "Aida" ist das, was Sie in Ihrer Kopie verwenden sollten.
Aufmerksamkeit Interesse Begehren Aktion
Um alle diese 4 Punkte zu fangen, müssen Sie "Talk" zu Ihrem potenziellen Kunden, wie Sie "sprechen" zu einem Freund, dem Sie gute Ratschläge geben.
• Sie müssen mit einem Ton schreiben, den Sie auf täglicher Basis mit Freunden verwenden. Immer sehr kurze und klare Sätze.

Wichtig

dies ist die wichtigste Essenz der Copywriting: schreiben wie Sie würden "Talk" zu einem Freund!
Schau sorgfältig, es ist nicht geschrieben, wie Sie würden "schreiben" an einen Freund. Verwenden Sie diese Worte und die wenig Grammatik Unzulänglichkeiten, die Sie in einer sprach-Rede verwenden würden.

Also, keine Sorge, wenn Ihr "Gespräch" ist einfach, von diesem glücklich sein, und wenn nicht, machen es einfach.

Wie zu tun, um zu sehen, Freunde in Menschen, die Sie nicht wissen?
1. setzen Sie sich in die Schuhe ihres potenziellen Kunden

Ziel ist es, eine Konversation zu einem Thema zu starten, das sich bereits in Ihrem potenziellen Kunden befindet.

Also, Sie müssen sich vorstellen, Ihre potenziellen Kunden und die Schaffung eines echten "Avatar" ihres potenziellen Kunden:
• sind Sie männlich oder weiblich?
• wie alt sind Sie?
• welche Qualifikationen haben Sie?
• was tun Sie?
• Wieviel Geld verdienen Sie?
• wovor fürchten Sie?
• was sind Ihre Bedürfnisse und tiefsten Wünsche?
• was sind Ihre Zweifel und Einwände?

Nehmen Sie ein Papier und notieren Sie einige Anmerkungen, indem Sie diese Fragen beantworten.

Sobald es in Ihrem Verstand wird es klar sein: Wer ist Ihr potenzieller durchschnittlicher Kunde, dann werden Sie sehen, dass das Schreiben einer guten Kopie viel einfacher und vor allem effektiv sein wird.

1. erlernen Sie die spezifische Sprache
manchmal ist es notwendig, die Bedingungen zu verwenden oder über Themen zu sprechen, die Ihnen erlauben, als ein "Freund" ihrer potenziellen Kunden, auch wenn in Wirklichkeit Sie noch wissen, ein wenig von Ihrem Interesse.

Während Sie wahrscheinlich in Ihrer Nische vertraut sind. Als auch, verwenden Sie bestimmte Worte, dass die Menschen Ihrer Nische normalerweise verwenden: der potenzielle Kunde wird Sie als eine Person, die durch die gleiche Situation gegangen und dass jetzt die Lösung für dieses Problem.

In jedem Fall, beginnen Sie mit Google und sucht nach den häufigsten Schlüsselwörtern dieser Nische. Es kann interessant sein, Blogs zu verwenden, weil sehr oft das Textmaterial größer ist und daher ist es einfacher zu fassen, dass "magische Worte", die den durchschnittlichen potenziellen Kunden auslösen kann.

Seien Sie vorsichtig, weil Sie verstehen müssen, wie diese Wörter verwendet werden und in welchem Kontext.

Das Ziel ist es, einen Satz zu finden, einige Geschichten, oder ein paar Worte, die Sie in Ihrem Text verwenden können, als "einer von Ihnen wahrgenommen werden."

Der Erwerb der Sprache kann mehr als alles andere konzentriert werden, auf ein Hauptproblem des Besuchers.

Wie Sie sehen, Copywriting hat wenig mit "Schreiben Fähigkeiten zu tun" und eine Menge gemeinsam mit "sein gut beim Lesen Menschen Verstand" (verstehen Sie).

Ein Copywriter ist eine Person, die Neugier, Gefühle und empfindet die Gefühle anderer Menschen.

Warum kaufen Leute?
Die überwiegende Mehrheit der Menschen kaufen emotional und rechtfertigen dann rational den Kauf, den Sie gerade taten.
Dies impliziert, dass Sie an den Emotionen des Lesers arbeiten müssen und nicht auf Ihre

Rationalität.
1. Konzentration auf die Wünsche und die Zufriedenheit ihrer durchschnittlichen Kundenbedürfnisse.
2. Vermeidung einer kalten und technischen Sprache zu konzentrieren statt auf Worte, dass "Move" mächtige Emotionen innerhalb der Menschen
jetzt sollte klar sein, dass die Menschen nicht kaufen, Produkte und Dienstleistungen, sondern Lösungen für Probleme und Zufriedenheit der Wünsche. Deshalb täuschen Sie sich, wenn Sie denken, Sie können verkaufen, indem Sie nur auf die Merkmale des Produktes, das Sie anbieten.

Die Merkmale eines Erzeugnisses beruhen immer auf den Vorteilen und Ergebnissen, die der Kunde wirklich wünscht!

Um die Emotionen ihres potenziellen Kunden zu treffen, immer versuchen, eine emotional starke Sprache, die Fahrzeuge konkrete Bilder, wo der durchschnittliche Kunde kann leicht "erkennen und verkörpern" selbst zu verwenden.
Beispiel: sagen Sie nicht "Danke an die XY-Produkt für die Hilfe zu verlieren Gewicht, können Sie Gewicht verlieren Sie auch." aber "vorstellen, wenn Sie Gewicht 25 kg weniger und Sie sind nicht mehr schämen, sich auf dem Strand zu zeigen".

Wie man Copywriting Technik auf schnellste Weise erlernen kann
Okay! Nun, da Sie gelernt haben, die Grundlagen der Copywriting der schnellste Weg zu lernen, ist zu üben!
Von nun an, jedesmal, wenn Sie schreiben eine E-Mail, eine Nachricht, etc ... fangen Sie an, es in Copywriting Weise zu schreiben.
Üben Sie lesen und Schreiben der guten anzeigen und schriftlich die schlechten, um Sie besser zu machen und auf Sie zu halten, bis die Formel, die Idee, und das Gefühl dieser Art von Ad-Writing wird Zweiter Natur für Sie. Dies ist der einzige Weg, um Know-how zu gewinnen schriftlich gute Kopie, dies beinhaltet auch Kleinanzeigen.
Mit anderen Worten, vergessen Sie die Struktur. Versuchen Sie nicht, professionell aussehen zu allen Kosten.

• kurze Sätze
• Unterteilen Sie die Kommunikation in kurze Absätze, um es leichter lesbar zu machen
• Verwenden Sie eine leicht verständliche Sprache, die sich wie ein Voice-Dialog anhört
• Versuchen Sie, eine emotionale Reaktion (wie Angst) auslösen, verwenden Sie konkrete Bilder, legte die Kälte und harte Logik

Kapitel 10: Web Analysis: Messung und Verbesserung

Ich bin sicher, dass Sie sich erinnern, als ich Ihnen sagte, dass in den USA die Menschen sagen: "das Geld ist in der Liste".

Nun, ich bin nicht einverstanden! Durch meine Erfahrungen kann ich Ihnen ohne Zweifel sagen, dass "das Geld in der Verfolgung", weil durch Tracking Sie wissen, was funktioniert, was nicht und was muss verbessert werden.

In der Tat haben wir durch digitale Analytik Zugang zu einer enormen Datenmenge, die uns erzählt, was über unser Marketing-Plan funktioniert und was Sie verbessern können.
Es ist eine leistungsfähige Quelle von Informationen, die Ihnen helfen können, Ihr Geschäft so schnell wie möglich zu skalieren.

Sie können alles in Ihrem Unternehmen verfolgen, und durch die Verfolgung schalten Sie Ihren Trichter aus Vermutungen in einen wissenschaftlichen Prozess, der Ihnen genau erklärt, was zu tun, um Ihre Gewinne zu maximieren.

Stellen Sie sich vor, Sie haben zwei verschiedene Versionen Ihres Angebots und Sie testen beide. Version A macht die Hälfte der Verkäufe von Version B, also was tun Sie? Sie beseitigen

Version A, senden Sie Ihren gesamten Datenverkehr an Version b und beginnen Sie mit dem Testen, um die Version b noch weiter zu verbessern. Mit dieser Methode ist Ihr Unternehmen garantiert im Laufe der Zeit zu verbessern-es ist so einfach.

Wenn Sie nicht verfolgen und testen, dann jeder Verkauf erhalten Sie von reinem dummen Glück. Darüber hinaus werden Sie verlassen mehr Geld auf dem Tisch, als Sie sich vorstellen können.

Sie verlieren nicht nur den Gewinn, den Sie aus den erhöhten Konversion gemacht haben, aber Sie verlieren auch den Gewinn, den Sie durch die Investition des zusätzlichen Gewinns in mehr Verkehr gemacht haben könnten.

Denk drüber nach.

Nach der Definition der Web Analysis Assoziation:
"Web Analysis ist die Messung, Sammlung, Analyse und Berichterstattung über Internet-Daten für das Verständnis und die Optimierung der Web-Nutzung."
Die Web Analysis zielt darauf ab, die Interaktion der Nutzer mit dem Web zu verstehen und zu verbessern und besteht genauer in der Erkennung Ihres Verhaltens durch geeignete Software und Werkzeuge.

Sehen wir uns nun genauer an, was überwacht wird.
Es gibt vier Kategorien, die Sie überwachen müssen, und dass wir es bereits gegenübergestellt haben:
1-werbung: Promotion-Aktivität Ihres Geschäfts durch mehrere Kanäle
2-squeeze-Seite: welche hat das Ziel, die Führung in eine Perspektive zu verwandeln
3Leid Pflege: welches hat das Ziel, Ihre Leads zu erziehen und Sie in Perspektiven zu verwandeln
4-verkäufe Seite: welches hat das Ziel, Ihr Produkt/Service zu verkaufen

Ging tiefer ...
• Werbung
werbe Analysis ableiten die Daten aus Werbung und Kampagnen, um Vermarkter zu helfen, Ihre Anzeigen besser und verstehen die Wirksamkeit ihrer Ausgaben. Also, für jede andere Traffic-Quelle, können Vermarkter verstehen, was funktioniert, und was nicht und optimieren Ihre Kampagnen dementsprechend.

In diesem Fall, was den Unterschied machen ist, beginnt zu tun Werbung mit A/B Split-Test, die zwei ähnliche Werbekampagnen, aber mit nur einem Element verändert, wie zum Beispiel den Text oder das Bild, und herauszufinden, was sind die Kampagnen generiert haben die meisten Klicks und dann die Umwandlung auf der Squeeze-Seite.

• Squeeze-Seite
in diesem Fall bedeutet das Verständnis durch bestimmte Daten, wie Benutzer Ihre Website gefunden und was ist die Bounce-Rate.
Split testen Sie Ihre squeeze-Seite und Ihr Dankeschön-Seite. Split Test die Angebote, die Schlagzeilen, den Text, etc. Testen Sie alles und testen Sie nicht nur Small-Test groß, too. Versuchen Sie eine ganz andere Schlagzeile, und ganz anderes Angebot, etc. Testen Sie auch klein. Testen Sie verschiedene Farben, verschiedene Aufrufe von Aktionen und so weiter.
Je mehr Menschen Sie sich in und je mehr Menschen, die Sie kaufen von Ihrem Dankeschön-Seite, das mehr Geld, das Sie machen und das mehr Geld können Sie in der Werbung investieren.
Sie müssen diese Daten verwenden, um zu verstehen, ob es irgendwelche Teile der Squeeze-Seite gibt, die für die Benutzer schwer zu bedienen sind und verbessert werden können. So kann es vorkommen, dass eine große Anzahl von Benutzern ihre E-Mail-Adresse nicht verlässt, weil Sie keine eindeutigen Informationen finden, oder es gibt keinen eindeutigen Aufruf zum Handeln, die Farben oder Schriftarten sind nicht angemessen, und die Lektüre ist nicht einfach.

• Lead-Pflege
Starten Sie, indem Sie sich Ihren abmelden Rate, die unter 1 % zu allen Zeiten bleiben sollte. Wenn es für ein bestimmtes Listenfeld höher ist, ist dies ein Hinweis darauf, dass der gesendete Inhalt nicht für dieses Listenfeld relevant ist.
Klick-through-Kurse-der Anteil der Zuschauer, die auf einen oder mehrere Links in der Lead-Pflege E-Mail-Nachricht geklickt haben.
Vermarkter, die unter einem niedrigen Click-through-Rate für ein bestimmtes Segment zu leiden haben Ihr Angebot nicht gut mit ihren Leads auf dieser Liste ausgerichtet.

konversion-Raten-der Prozentsatz der Leads, die auf einen Link innerhalb einer E-Mail geklickt und die gewünschte Aktion abgeschlossen haben.

Zeit zum Kunden-Umwandlung-die Zeitdauer, die es für eine Führung benötigt, um ein Kunde zu werden.

Kosten pro Kunde-die Marketing-Kosten für den Erwerb eines neuen Kunden

Im Laufe der Zeit sollten ihre Kosten pro Kunde sinken, da mehr Leads, die typischerweise Blutungen aus der Oberseite dem Trichter sind angemessen genährt durch den Boden des Trichter-bis Sie endgültig in einen Kunden umgewandelt werden. Überprüfen Sie diese Metrik monatlich, um sicherzustellen, dass Ihre Lead Pflege Anstrengungen bleiben kostengünstig.

- Verkäufe Seite

eine Zahl, die Besuche darstellt. Die Gesamtzahl der Personen, die auf der Seite gelandet sind.
Bounce-Rate. Der Prozentsatz der Besucher, die Ihre Seite verlassen, ohne irgendetwas zu tun.
Durchschnittliche Dauer der Besichtigung. Gesamtzeit auf der Website.
Transaktionen. Die Gesamtzahl der Käufe, die von dieser Zielseite generiert wurden.
Konversion-Rate. Der Prozentsatz der Besucher, die gekauft haben.
Durchschnittliche Zeit zum Kauf. Wie viele Besuche dauert es, um eine Perspektive vor dem Kauf?

Der Trend, der diese Beispiele bindet, ist die Tatsache, dass Web Analysis bedeutet, Marketing-Optimierung zu machen, wodurch die Effizienz Ihrer Website erhöht wird. Es bedeutet nicht, nur die Erhebung einer großen Menge von Daten über das Verhalten der Besucher, sondern um zu studieren und diese Daten in präzise Maßnahmen werden Ihre Marketing-Strategien zu verbessern und damit die Gewinne zu erhöhen.

Wichtig: Es gibt keine "magische" Formel, die für jeden Vermarkter funktioniert, denn was wirklich wichtig ist, wie Ihre Zielgruppe "reagiert" auf Ihr Marketing.
So experimentieren, Experimente und Experimente wieder, bis Sie entdecken, was ist die Formel und Strategie, um eine höhere Konversionsrate zu gewinnen.
Wenn Sie nicht sicher sind, was funktioniert, können Sie immer einen Split-Test ausführen und zwei Versionen desselben Angebots einrichten.
Direkte Hälfte ihres Verkehrs mit einem kleinen Stück Code auf einer Re-Direct-Seite zu einem Angebot und die andere Hälfte auf die anderen Verkäufe Seite. Die Ohne Sales-Seite, die bessere Ergebnisse schafft, ist das beste Format.

Auf diese Weise können Sie kontinuierlich das Design und die Effektivität ihrer Sales-Seite verbessern, indem Sie verschiedene Techniken ausprobieren. Starten Sie langsam, indem Sie nur ein Element der Sales-Seite ändern, wenn Sie einen Split-Test durchführen, wie zwei Versionen mit einer anderen Überschrift anbieten.

Sobald Sie diesen Test durchführen und herausfinden, welche Schlagzeile am besten funktioniert, können Sie einen Split-Test auf das Call-to-Action-Element verschieben. Langsam, erhalten Sie eine bessere Vorstellung davon, was für Ihre demografische und Produkte in einer Weise, die einzigartig für Ihre Geschäfts- und Produkt-Angebote geeignet ist.
Ich schätze, Sie denken: "OK, alles ist großartig, aber wie mache ich es?!"
Machen Sie sich keine Sorgen, müssen Sie Google Analysis, die Spuren und Berichte Website-Traffic, und Ihre Social-Media-Konten.

Über die E-Mail-Kampagnen Daten, Aweber Tracks und Bericht jeder von Ihnen.
Ich werde Ihnen sagen, ein letztes Mal, weil es sehr wichtig: Track und Test alles.
Verfolgen Sie Ihre Traffic-Quellen, testen Sie Ihre Konversion auf Ihrer squeeze-Seite und Ihr Dankeschön-Seite, verfolgen, welche E-Mails effektiv sind und so weiter. Desto besser Sie verfolgen und testen, desto mehr können Sie machen. So einfach ist das. Holen Sie sich Tracking-Software und verwenden Sie es so bald wie möglich, weil es den Unterschied machen kann. "Besser" ist eine gute Konversion-Tracking-Software auch. Denken Sie daran, ohne Tracking, Sie sind einfach erraten, und Sie können eine Menge Geld verlieren, wenn Sie erraten sind.

Abschluss

wie ist es also die Situation so weit?!
Denken Sie daran, was die Strategie ist, die wirklich Online funktioniert:
Analyse ◊ Plan ◊ machen Ihre eigenen Trichter ◊ Messung ◊ Verbesserungen ◊ Geld

Wir gingen tief in der Erklärung, was ist ein Umsatz Trichter und wie es Schritt für Schritt zu tun.
Web Traffic--") Squeeze Page oder Opt-in page-") o. T. o (optional) ◊ E-Mail Marketing (Follow-up)-") Sales page--") Money

Das ist es-so richten Sie einen Traffic-Trichter. Wie Sie sich vorstellen können, ist die erste der am härtesten, weil Sie auf einer Lernkurve sind. Aber sobald Sie beherrschen die Fähigkeit der Einrichtung eines Trichter, können Sie es immer und immer wieder in jeder Nische Sie wählen.

Stellen Sie sich für einen Augenblick vor, dass Sie einen neuen Trichter nur einmal alle 3 Monate für die nächsten 3 Jahre eingerichtet. Das sind 12 verschiedene Trichter, alle Arbeiten für Sie Nacht und Tag, um Sie Geld zu machen. Sie könnten Sie jetzt zu aktualisieren und dann auf neue Produkte, die auf dem Markt kommen, aber andere als das, diese Mini-Unternehmen sind eingerichtet und für Sie zu fördern.

Dies kann eine der besten Optionen für das Beenden Ihrer Arbeit oder die zusätzliche Geld, das Sie für den Ruhestand brauchen, und es ist nicht Rocket Science, es ist einfach immer ein Gefühl für das, was Ihr Markt will zusammen mit viel Tracking, um den gesamten Prozess zu optimieren.

Ihr erster Schritt ist jetzt, eine Nische zu pflücken und loslegen. Sie haben nichts zu verlieren und völlige finanzielle Freiheit zu gewinnen, also mit allen Mitteln, fangen Sie heute

Beste Ressourcen, um Geld zu verdienen online

Aweber: Autoresponder

Jvzoo: bewerben Sie Ihr Affiliate-Programm

Netsöhne: kaufen Sie Ihre Domain sicher

Hostgator: kaufen Sie Ihren schnellen und sicheren Hosting-Raum

Leadpages: Erstellen Sie Ihre Opt-in-Seite schnell

Fiverr: Holen Sie sich Ihr $5 Cover